Estudos Bíblicos para Crianças
MATEUS

© 2011 Nazarene Publishing House

ISBN 978-1-56344-711-2

Diretora do Ministério de Crianças Internacional: Leslie M. Hart
Editora para a versão em inglês: Kimberly D. Adams
Editora Chefe para a Competição de Crianças: Allison Southerland
Comitê Editorial: Dan Harris, Nate Owens, Beula Postlewait
Tradutora: Ágatha Cristian Heap
Capa: Greg White

Originalmente publicada em inglês com o título:
Children's Bible Studies in Matthew
Copyright © 2010
Published by Beacon Hill Press of Kansas City
A Division of Nazarene Publishing House

Esta edição foi publicada com a concessão de
Nazarene Publishing House
Kansas City, Missouri (EUA)

Publicações Crianças Primeiro
17001 Prairie Star Parkway
Lenexa, KS 66220 (EUA)
Em cooperação com o Ministério de Crianças Internacional e
Publicações Nazarenas Internacionais.

O primeiro Desafio Bíblico para Crianças, criado pelo Rev. William (Bill) Young, foi apresentado com três equipes de demonstração do Distrito de Kansas City – Kansas City First, Kansas City St. Pauls, e Overland Park – na Convenção Geral da Sociedade Nazarena de Jovens de 1968 em Kansas City, Missouri (EUA).

Índice

Boas Vindas!

Bem-vindo aos *Estudos Bíblicos para Crianças: Mateus!* Nessa coleção de estudos bíblicos, as crianças aprenderão sobre a santidade de Deus e de Sua fidelidade ao Seu povo, até mesmo quando eles fazem más escolhas.

Estudos Bíblicos para Crianças: Mateus! é um dos seis livros da série *Estudos Bíblicos para Crianças.* Esses estudos ajudam as crianças a entenderem a cronologia bíblica e o significado de eventos bíblicos. Ao aprenderem sobre a vida das pessoas nesses estudos, as crianças descobrem o amor de Deus por todas as pessoas e o lugar que elas têm em Seu plano. Às vezes, Deus usa milagres para alcançar o Seu propósito. Entretanto, Ele geralmente trabalha através das pessoas para realizar o que Ele quer fazer.

A filosofia da série *Estudos Bíblicos para Crianças* é ajudar as crianças a entenderem o que a Bíblia diz, a aprenderem sobre como Deus ajudou as pessoas e a conhecerem a Deus através de um relacionamento com Ele. Ela inclui estudo bíblico, memorização bíblica e aplicação de ensinamentos bíblicos em situações da vida real.

Estudos Bíblicos para Crianças usa a Nova Versão Internacional da Bíblia.

LIVROS

A seguir há uma curta descrição dos livros dessa série e da maneira como eles interagem uns com os outros.

Gênesis oferece a fundação. Esse livro conta como Deus criou o mundo do nada, formou o homem e a mulher, e criou um lindo jardim para ser seu lar. Essas pessoas pecaram e experimentaram as conseqüências de seu pecado. Gênesis apresenta o plano de Deus para reconciliar o relacionamento quebrado entre Deus e as pessoas. Ele apresenta Adão, Eva, Noé, Abraão, Isaque e Jacó. Deus fez uma aliança com Abraão (em Gênesis 15) e renovou essa aliança com Isaque e Jacó. Gênesis termina com a história de José e ele salva a civilização da fome e o povo de Deus se muda para o Egito.

Êxodo conta sobre como Deus continuou a manter a Sua promessa para Abraão feita em Gênesis 15. Deus resgatou os israelitas da escravidão no Egito. O Senhor escolheu Moisés para guiar os israelitas. O Senhor estabeleceu Seu reino sobre os israelitas. Ele liderou e governou os israelitas através do estabelecimento do sacerdócio e do Tabernáculo, dos Dez Mandamentos e outras leis, e dos profetas e juízes. No final de Êxodo, somente uma parte da aliança do Senhor com Abraão está completa.

Josué/Juízes/Rute falam como Deus completou Sua aliança começada em Gênesis 15. Finalmente os israelitas conquistaram e se estabeleceram na terra que Deus prometeu a Abraão. Os profetas, os sacerdotes, a lei e os rituais de adoração declararam que Deus era o Senhor e Rei dos Israelitas. As 12 tribos de Israel se estabeleceram na terra prometida. Esse estudo enfatiza os juízes: Débora, Gideão e Sansão.

Em **1 e 2 Samuel**, os israelitas queriam um rei, porque outras nações tinham um rei. Esses livros falam de Samuel, Saul e Davi. Jerusalém tornou-se o centro de toda a nação de Israel. Esse estudo mostra como as pessoas reagem de forma diferente quando são confrontadas por seus pecados. Enquanto Saul culpava os outros, ou usava uma desculpa, Davi admitia seu pecado e ele pedia perdão a Deus.

Mateus é o ponto principal de toda a série. Ele foca o nascimento, vida e ministério de Jesus. Todos os livros anteriores da série apontaram para Jesus como o Filho de Deus e o Messias. Jesus inaugurou um novo tempo e as crianças aprendem sobre isso em vários eventos: Seus ensinos, Sua morte, Sua ressurreição e seu papel de mentor de Seus discípulos. Agora, Deus fornecia uma nova maneira para as pessoas terem um relacionamento com Ele através de Jesus.

No início de **Atos**, Jesus ascendeu aos céus e Deus enviou o Espírito Santo para ajudar a igreja. As boas novas de salvação através de Jesus Cristo se espalharam para muitas partes do mundo. Os crentes pregaram o evangelho para os gentios e o trabalho missionário foi iniciado. A mensagem do amor de Deus transformou tanto os judeus quanto os gentios. Há uma ligação direta entre os esforços evangelísticos do apóstolo Paulo e Pedro com as vidas das pessoas hoje.

CICLO

O ciclo de estudo a seguir é sugerido especificamente para aqueles que participarão da competição opcional, o desafio bíblico dos *Estudos Bíblicos para Crianças*.

* Indica o ano do Desafio Mundial.

PROGRAMAÇÃO

Estudos Bíblicos para Crianças possui vinte estudos. Programe de 60 a 120 minutos para o tempo de aula. Sugerimos a seguinte programação para cada estudo.

- 15 minutos para Atividade
- 30 minutos para Lição Bíblica
- 15 minutos para Versículo para Memorização
- 30 minutos para Atividades Adicionais (opcional)
- 30 minutos para Perguntas para Competição (opcional)

PREPARAÇÃO

É importante fazer uma preparação aprofundada de cada estudo. As crianças prestam mais atenção e entendem melhor o estudo se o professor prepara e apresenta bem o conteúdo. O texto em **negrito** em cada estudo indica sugestões de palavras que o professor pode usar e adaptar para falar com as crianças. Os seguintes passos são diretrizes para o professor se preparar para cada estudo.

1º Passo: Visão Geral. Leia o Versículo para Memorização, a Verdade Bíblica, Foco e Dica de Ensino.

2º Passo: Passagem Bíblica e Comentário Bíblico. Leia os versículos da passagem de estudo bíblico e a informação no Comentário Bíblico, incluindo quaisquer Palavras de Nossa Fé, Pessoas, Lugares ou Coisas.

3º Passo: Atividade. Essa seção inclui um jogo ou brincadeira para preparar as crianças para a lição bíblica. Familiarize-se com a atividade, as instruções e os materiais. Traga os materiais necessários para a aula com você e prepare a atividade antes das crianças chegarem.

4º Passo: Lição Bíblica. Revise a lição e aprenda-a para que você possa contá-la como uma história. As crianças preferem que o professor conte uma história ao invés de lê-la de um livro. Use as Palavras de Nossa Fé, Pessoas, Lugares e Coisas de cada lição para fornecer informação adicional enquanto você conta a história. Depois da história, use as questões sugeridas. Elas ajudarão as crianças a entenderem a história e a aplicá-la em suas vidas.

5º Passo: Versículo para Memorização. Aprenda o versículo para memorização para que você possa ensiná-lo para as crianças. Uma lista de versículos para memorização e sugestões de atividades para os versículos de memorização estão na página 138. Escolha uma dessas atividades para ajudar as crianças a aprenderem o versículo para memorização. Familiarize-se com a atividade que você escolher. Leia as instruções e prepare os materiais. Traga todos os materiais necessários para a aula com você.

6º Passo: Atividades Adicionais. As atividades adicionais são uma parte opcional do estudo. Essas atividades vão incrementar o estudo bíblico das crianças. Muitas dessas atividades precisam de mais materiais, recursos e tempo. Familiarize-se com as atividades que você escolher. Leia as instruções e pre-

pare os itens utilizados. Traga todos os materiais necessários para a aula com você.

7º Passo: Prática para Competição. O Desafio Bíblico é a parte de competição dos Estudos Bíblicos para Crianças. Ele é opcional ao estudo. Se você decidir participar do Desafio, dedique um tempo para a preparação das crianças. Há perguntas para praticar em cada um dos estudos. As primeiras dez perguntas são para um nível básico de competição. Há também três respostas possíveis para cada pergunta e essas perguntas são mais simples. As próximas dez perguntas são para um nível avançado de competição. Há quatro respostas possíveis para cada pergunta e essas perguntas são mais detalhadas. As crianças, juntamente com a direção do professor, escolhem o nível de competição desejado. Baseado no número de crianças e recursos disponíveis, você pode escolher oferecer somente o nível básico ou somente o nível avançado. Antes de fazer as perguntas para praticar, leia a passagem bíblica para as crianças.

DESAFIO BÍBLICO PARA CRIANÇAS

O Desafio Bíblico para Crianças é uma parte opcional dos Estudos Bíblicos para Crianças. Cada igreja e cada criança decide se quer participar na série de eventos competitivos.

Os eventos de Desafio Bíblico seguem as regras apresentadas nesse livro. As crianças não competem umas contra as outras para determinar um único ganhador, nem as igrejas competem umas contra as outras para determinar um vencedor.

O propósito do Desafio é ajudar as crianças a identificarem o que elas aprenderam sobre a Bíblia, desfrutarem de eventos competitivos e crescerem na habilidade de demonstrar atitudes e comportamentos cristãos durante os eventos competitivos.

Nessa competição, cada criança desafia a si mesma a atingir um nível de premiação. Com essa abordagem, as crianças competem contra a sua própria base de conhecimento e não umas contra as outras. O Desafio usa uma abordagem de múltipla escolha que permite que toda criança responda todas as perguntas. Perguntas de múltipla-escolha oferecem diversas respostas e a criança escolhe a correta. Essa abordagem possibilita toda criança a ser um vencedor ou vencedora.

MATERIAIS DO DESAFIO

Cada criança precisa de números para responder as perguntas do Desafio. Os números do Desafio são quatro quadrados de papelão, e cada um deles possui uma divisória no topo com os números 1, 2, 3 e 4, respectivamente. Os números se encaixam dentro de uma caixa de papelão.

As caixas e números de papelão para Desafios, como a foto abaixo mostra, podem ser encomendadas na Casa Nazarena de Publicações em Kansas City, Missouri, Estados Unidos da América.

Se essas caixas e números para o Desafio não estiverem disponíveis em sua área, você pode fazer seus próprios números usando papel, pratos descartáveis, madeira ou qualquer outra coisa que você tiver disponível. Cada criança precisa de um kit de números para o Desafio.

Cada grupo de crianças precisará de uma pessoa para registrar suas respostas. Há folha de registro de pontos na página 143 que pode ser reproduzida para competição. Use essa folha de registro para marcar as respostas de cada criança.

Se possível, forneça algum tipo de prêmio pela performance das crianças em cada evento de Desafio. Prêmiações sugeridas: certificados, adesivos, fitas, troféus, ou medalhas.

Regras e Procedimentos Oficiais de Desafio Bíblico para Crianças

Por favor, siga as regras. As competições que não funcionarem de acordo com as *Regras e Procedimentos Oficiais de Desafio Bíblico para Crianças* não qualificarão para outros níveis de competição.

IDADES E SÉRIES

Crianças do 1º ao 6º ano podem participar das competições de Desafio Bíblico para Crianças. A partir do sétimo ano, independente da idade, elas devem participar do Desafio Bíblico para Adolescentes. (Informação para outros países, sem ser os Estados Unidos: 1º ao 6º ano correspondem geralmente as idades de 6 a 12 anos.)

NÍVEL BÁSICO DE COMPETIÇÃO

Esse nível de competição é para competidores mais jovens ou iniciantes. Competidores mais velhos que preferirem participar em um nível mais fácil de competição, também podem participar no Nível Básico. As perguntas para o Nível Básico são mais simples. Há três opções de respostas para cada pergunta e quinze perguntas em cada rodada. O diretor distrital ou regional de Desafio Bíblico para Crianças determina as perguntas e o número de rodadas em cada competição da Gincana. A maioria das competições tem duas ou três rodadas.

COMPETIÇÃO DE NÍVEL AVANÇADO

Esse nível de competição é para competidores mais velhos ou mais experientes. Competidores mais jovens que quiserem um desafio maior podem participar do Nível Avançado. As perguntas para o Nível Avançado são mais detalhadas. Há quatro possíveis respostas para cada pergunta e vinte perguntas em cada rodada. O diretor distrital ou regional de Gincana Bíblica para crianças determina as perguntas e o número de rodadas em cada competição da Gincana.

TROCANDO DE NÍVEL

As crianças podem trocar de Nível Básico ou Avançado somente em competições por convite, que são entre duas ou mais igrejas. Isso ajuda os líderes e as crianças a determinarem o melhor nível de cada uma.

Para competições de zona/área, distrito e região, o diretor local tem que registrar cada criança no Nível Básico ou no Nível Avançado. A criança deve competir no mesmo nível nas competições de zona/área, distrito e região.

TIPOS DE COMPETIÇÃO

Competição por Convite

Uma competição por convite acontece entre duas ou mais igrejas. Os diretores de Desafio Bíblico local e de zona/área, ou os diretores distritais de Desafio Bíblico podem organizar competições por convite. Os indivíduos que organizarem competições por convite têm a responsabilidade de preparar as perguntas para a competição.

Competição de Zona/Área

Cada distrito pode ter pequenos agrupamentos de igrejas que são chamadas zonas. Se uma zona tiver mais competidores que as demais zonas, o diretor distrital de Desafio Bíblico pode separar ou juntar zonas para criar áreas com uma distribuição mais equitativa de competidores. O termo "área" significa que as zonas foram agrupadas ou divididas.

As igrejas localizadas em cada zona/área competem em sua própria zona/área. O diretor distrital de Desafio Bíblico para Crianças organiza a competição.

As perguntas para as competições de zona/área são oficiais.

Envie um e-mail para solicitar as perguntas do Escritório Global de Desafio Bíblico para Crianças (*ChildQuiz@nazarene.org*).

Competição Distrital

As crianças avançam da competição de zona/área para a competição distrital. O diretor distrital de Gincana Bíblica para Crianças determina as qualificações necessárias e organiza a competição.

As perguntas para as competições distritais são oficiais.

Envie um e-mail para solicitar as perguntas do Escritório Global de Desafio Bíblico para Crianças (*ChildQuiz@nazarene.org*).

Competição Regional

A competição regional é uma competição entre dois ou mais distritos.

Quando houver um diretor regional de Desafio Bíblico para Crianças, ele determinará as qualificações necessárias e organizará a competição. Se não houver um diretor regional, os diretores distritais que estiverem participando organizam a competição.

As perguntas para as competições de regionais são oficiais.

Envie um e-mail para solicitar as perguntas do Escritório Global de Desafio Bíblico para Crianças (*ChildQuiz@nazarene.org*).

Competição de Desafio Mundial

A cada quatro anos, um Desafio Mundial Internacional é patrocinado pelo Escritório de Ministério Infantil Internacional. O Ministério Infantil Internacional determina a data, local, custo, datas de qualificação e o processo geral de qualificação para todas as competições de Desafio Mundial. Mande um e-mail para *ChildQuiz@nazarene.org* para mais informações.

DIRETOR DISTRITAL DE DESAFIO BÍBLICO PARA CRIANÇAS

O diretor distrital de Desafio Bíblico para Crianças opera em todas as competições de acordo com as *Regras e Procedimentos Oficiais de Desafio Bíblico para Crianças*. Ele tem autoridade para introduzir procedimentos adicionais para a Gincana no distrito sempre que esses procedimentos não entrarem em conflito com as *Regras e Procedimentos*

Oficiais de Desafio Bíblico para Crianças. O diretor distrital de Desafio Bíblico para Crianças entra em contato com o Escritório Global de Desafio Bíblico para Crianças no Ministério Infantil Internacional, quando necessário, para pedir alguma mudança específica nas Regras e Procedimentos Oficiais de Desafio Bíblico para Crianças para o distrito. Ele ou ela é quem toma as decisões e resolve conflitos em relação a aplicação das Regras e Procedimentos Oficiais de Desafio Bíblico para Crianças. O diretor distrital de Desafio Bíblico para crianças entra em contato com o Escritório Global de Gincana Bíblica para Crianças para lidar com uma regra oficial em uma situação específica, se necessário.

DIRETOR REGIONAL DE DESAFIO BÍBLICO PARA CRIANÇAS

O diretor regional de Desafio Bíblico para Crianças cria uma equipe de liderança de Desafio Bíblico para Crianças que consiste em todos os diretores distritais de Desafio Bíblico para Crianças na região. O diretor regional de Desafio Bíblico para Crianças mantém contato com sua equipe para que os procedimentos sejam consistentes por toda a região. Ele ou ela opera e organiza as competições regionais de acordo com as Regras e Procedimentos Oficiais de Desafio Bíblico para Crianças. O diretor regional de Desafio Bíblico para Crianças entra em contato com o Escritório Global de Desafio Bíblico para Crianças para solicitar qualquer mudança nas Regras e Procedimentos Oficiais de Desafio Bíblico para Crianças para uma região específica. Ele ou ela resolve qualquer conflito que possa surgir durante a aplicação das Regras e Procedimentos Oficiais de Desafio Bíblico para Crianças. O diretor regional de Desafio Bíblico para Crianças entra em contato com o Escritório Global de Desafio Bíblico para Crianças para lidar com a aplicação de uma regra especial em uma situação específica, se necessário. Ele ou ela deve entrar em contato com o Escritório Global de Desafio Bíblico para Crianças para colocar a data do desafio regional no calendário geral da igreja.

Nos Estados Unidos e Canadá, o diretor de Desafio Bíblico para Crianças é uma posição em desenvolvimento. Atualmente essa pessoa não preside os diretores distritais de Desafio Bíblico para Crianças na região.

MODERADOR DE DESAFIO

O moderador de desafio é quem lê as perguntas durante a competição. O moderador do desafio lê a pergunta e as respostas de múltipla escolha duas vezes antes das crianças darem suas respostas à pergunta. Ele ou ela segue as Regras e Procedimentos Oficiais de Desafio Bíblico para Crianças estabelecidas pelo Escritório Global de Desafio Bíblico para Crianças e pelo diretor distrital ou coordenador regional de Desafio Bíblico para Crianças. No caso de um conflito, a autoridade final é o diretor distrital/regional de Desafio Bíblico para Crianças que consultará as Regras e Procedimentos Oficiais de Desafio Bíblico para Crianças. O moderador do desafio pode participar de discussões com o juiz de pontuação e também com o diretor distrital/regional de Desafio Bíblico para Crianças para definir alguma apelação ou objeção quanto as perguntas ou respostas. O moderador do desafio pode pedir um intervalo.

JUIZ DE PONTUAÇÃO

O juiz de pontuação é quem marca as respostas de um grupo de crianças. Ele ou ela pode participar das discussões com outros juízes de pontuação e com o diretor distrital/regional de Desafio Bíblico para Crianças quando houver alguma apelação ou objeção quanto as perguntas ou respostas. Todos os juízes de pontuação devem usar o mesmo método e símbolos para garantir uma tabulação correta de pontos.

PERGUNTAS OFICIAIS DE COMPETIÇÃO

O diretor distrital de Desafio Bíblico para Crianças é o único indivíduo no distrito a quem se permite ter uma cópia das perguntas oficiais de competição para zona/área e para o distrito.

O diretor regional de Desafio Bíblico para Crianças é o único indivíduo na região a quem se permite ter uma cópia das perguntas oficiais de competição da região. Se não houver um diretor regional de Desafio Bíblico para Crianças, um diretor distrital participante do Desafio Bíblico para Crianças poderá ter uma cópia das perguntas oficiais de competição regional.

Encomendas de formulários de perguntas oficiais anuais serão enviados via e-mail em dezembro de cada ano. Entre em contato com o Escritório Global de Desafio Bíblico para Crianças através do e-mail *ChildQuiz@nazarene.org* para atualizar seu endereço de e-mail. As pessoas que encomendarem, receberão as perguntas oficiais por e-mail até a metade do mês de janeiro.

MÉTODOS DE COMPETIÇÃO

Há dois métodos de competição.

Método Individual

No método individual de competição, as crianças competem individualmente. Cada ponto de uma criança é marcado separado de todas as demais pontuações. Crianças da mesma igreja podem sentar juntas, mas os pontos individuais não são somados para obter uma pontuação geral para a igreja ou equipe. Não há perguntas bônus para competidores individuais.

O método individual é o único método que pode ser usado para o Nível Básico de competição.

Método Combinado

O método combinado une o desafio individual e de equipe. Nesse método, as igrejas podem enviar competidores individuais, equipes ou uma combinação desses para a competição.

O diretor distrital de Desafio Bíblico para Crianças determina o número de crianças necessárias para formar uma equipe. Todas as equipes devem ter o mesmo número de competidores. O número recomendado de crianças para uma equipe é de quatro ou cinco.

Crianças de igrejas que não têm competidores suficientes para formar uma equipe podem competir como competidores individuais.

No método combinado, as equipes qualificam para perguntas bônus. Os pontos bônus conseguidos com a resposta correta a uma pergunta bônus fazem parte dos pontos totais da equipe, ao invés de fazer parte da pontuação de um competidor individual. Há perguntas bônus para as competições de zona/área, distrito e região. Perguntas bônus tipicamente incluem recitar algum versículo memorizado.

O diretor distrital de Desafio Bíblico para Crianças seleciona o método individual ou o método combinado para o Nível Avançado de competição.

PONTOS EMPATADOS

Empates entre competidores individuais ou equipes nunca vão para o desempate. Todas as crianças ou equipes que empatarem recebem o mesmo reconhecimento, o mesmo prêmio e o mesmo avanço para o próximo nível de competição.

PERGUNTAS BÔNUS

Perguntas bônus fazem parte do Nível Avançado, mas somente para equipes, e não indivíduos. Equipes devem se qualificar para poderem receber uma pergunta bônus. Perguntas bônus aparecem depois das perguntas 5, 10, 15, e 20.

Para qualificar para uma pergunta bônus, a equipe só poderá ter um número de erros igual ou menor ao número de competidores que formam a equipe. Por exemplo, uma equipe de quatro pessoas pode ter tido apenas quatro respostas erradas ou menos. Uma equipe de cinco competidores pode ter cinco respostas erradas ou menos.

Os pontos bônus para uma resposta correta tornam-se parte da pontuação total da equipe e não da pontuação individual de uma criança.

O diretor distrital de Desafio Bíblico para Crianças determina a maneira como as crianças poderão responder as perguntas bônus.

Na maioria das situações, a criança dá verbalmente a resposta ao juiz de pontuação.

Antes de ler a pergunta bônus, o diretor local de Desafio Bíblico para Crianças seleciona um membro da equipe para responder a pergunta bônus. A mesma criança pode responder todas as perguntas bônus em uma rodada ou pode haver uma criança diferente respondendo a cada pergunta bônus.

INTERVALOS

O diretor distrital de Desafio Bíblico para Crianças determina o número de intervalos que cada igreja pode pedir. Cada igreja recebe o mesmo número de intervalos, independente do número de competidores individuais ou de equipes daquela igreja. Por exemplo, se o diretor distrital decidir dar um intervalo, cada igreja receberá somente um intervalo.

O diretor distrital de Desafio Bíblico para Crianças determina se haverá um intervalo automático durante a competição e qual será a pontuação específica para a realização de um intervalo em cada competição.

O diretor local de Desafio Bíblico para Crianças é o único indivíduo que pode pedir um intervalo para uma equipe de igreja local.

O diretor distrital de Desafio Bíblico para Crianças ou o Moderador de Desafio podem pedir um intervalo em qualquer momento.

O diretor distrital de Desafio Bíblico para Crianças, antes de começar a competição, determina a duração dos intervalos para a competição. Todos os intervalos devem ter a mesma duração.

PONTUAÇÃO

Há dois métodos de pontuação. O diretor distrital de Desafio Bíblico para Crianças é quem seleciona o método que será utilizado durante a competição.

Cinco Pontos

- Dê cinco pontos para cada resposta correta. Por exemplo, se uma criança responder 20 perguntas corretamente em uma rodada de Nível Avançado, a criança ganha um total de 100 pontos.
- Dê cinco pontos para cada resposta bônus correta na rodada de equipes na competição de Nível Avançado. Por exemplo, se cada membro de uma equipe com quatro pessoas responder a 20 perguntas corretamente no Nível Avançado e a equipe responder quatro perguntas bônus corretamente, a equipe ganha um total de 420 pontos.

Os pontos do Nível Básico serão menores, já que este nível conta apenas com 15 perguntas por rodada, e por ser essa uma competição somente individual.

Um Ponto

Dê um ponto para cada resposta correta, como a seguir:

- Dê um ponto para cada resposta certa. Por exemplo, se uma criança responder corretamente a 20 perguntas na rodada de Nível Avançado, a criança ganha um total de 20 pontos.
- Dê um ponto para cada resposta bônus certa na rodada de equipe de Desafio de Nível Avançado. Por exemplo, se cada membro da equipe de quatro pessoas responder 20 perguntas corretamente no Nível Avançado e a equipe responder quatro perguntas bônus corretamente, a equipe terá um total de 84 pontos.

Os pontos do Nível Básico serão menores, já que há somente 15 perguntas por rodada, e essa é uma competição somente individual.

APELAÇÕES

As apelações devem ser exceções e não algo muito comum durante a competição.

Solicite uma apelação somente quando a resposta marcada como correta na pergunta realmente estiver incorreta em relação a referência bíblica dada para aquela questão. Apelações lançadas por qualquer outra razão são inválidas.

Um competidor, um diretor de gincana ou qualquer outro participante da competição não pode fazer uma apelação, porque não gosta das palavras usadas para a pergunta ou para as respostas nem por achar que a pergunta é muito difícil ou confusa.

O diretor local do Desafio Bíblico para Crianças é a única pessoa que pode fazer uma apelação para uma pergunta da competição.

Se qualquer outro indivíduo fizer uma apelação, a apelação é automaticamente considerada "inválida".

Indivíduos que fazem apelações inválidas interrompem a competição e fazem com que as crianças percam a concentração. Os indivíduos que consistentemente fizeram apelações inválidas, ou criarem problemas argumentando sobre a decisão de uma apelação, perderão o privilégio de apelar pelo resto da competição.

O diretor distrital de Desafio Bíblico para Crianças, ou o moderador do desafio, na ausência de um diretor distrital de Desafio Bíblico para Crianças, tem autoridade para remover o privilégio de apelar de qualquer indivíduo que abusar desse privilégio.

O diretor distrital de Desafio Bíblico para Crianças determina como podem ser feitas as apelações para as perguntas da competição antes da competição começar.

- A apelação será escrita ou verbal?
- Quando uma pessoa pode apelar (durante uma rodada ou no fim de uma rodada)?

O diretor distrital de Desafio Bíblico para Crianças deve explicar o procedimento das apelações para os diretores locais de Desafio Bíblico para Crianças no início do ano do desafio.

O moderador de desafio e o diretor distrital de Desafio Bíblico para Crianças seguem os passos a seguir para lidar com uma apelação.

- Determine se a apelação é válida ou inválida. Para fazer isso, ouça o motivo da apelação. Se o motivo for válido, pois a resposta dada como correta é incorreta de acordo com a referência bíblica, siga os procedimentos de apelação determinados pelo distrito.
- Se o motivo para a apelação for inválido, anuncie que a apelação é inválida e a competição continua.

Se mais de uma pessoa apelar a mesma pergunta, o moderador do desafio ou o diretor distrital do desafio seleciona um diretor local de desafio para explicar o motivo da apelação. Depois da apelação a uma pergunta, ninguém mais poderá apelar sobre a mesma pergunta.

Se uma apelação for válida, o diretor distrital de Desafio Bíblico para Crianças, ou o moderador de gincana na ausência do diretor, determina como lidar com a pergunta que foi apelada. Selecione uma das seguintes opções.

Opção A: Elimine a pergunta e não a substitua. O resultado é que uma rodada de 20 perguntas se converte em uma rodada de 19 perguntas.

Opção B: Dê para cada criança os pontos que ela receberia por um resposta correta a pergunta.

Opção C: Substitua a pergunta. Faça uma nova pergunta aos competidores.

Opção D: Deixe que as crianças que deram a resposta que estava marcada como certa nas perguntas oficiais ficarem com os pontos. Faça outra pergunta para as crianças que deram uma resposta incorreta.

NÍVEIS DE PREMIAÇÃO

O Desafio Bíblico para Crianças tem a filosofia de dar a todas as crianças a oportunidade de responder todas as perguntas, e cada criança recebe o reconhecimento por cada resposta correta que ela der. Entretanto, o Desafio Bíblico para crianças é uma competição que usa perguntas de múltipla escolha e empates nunca vão para o desempate.

Crianças e igrejas não competem umas contra as outras. Elas competem para alcançar um nível de premiação. Todas as crianças e todas as igrejas que alcançarem o mesmo nível de premiação receberão o mesmo prêmio. Empates nunca vão para desempate.

Níveis de Premiação Recomendados:
- Troféu de Bronze = 70-79% de acertos
- Troféu de Prata = 80-89% de acertos
- Troféu de Ouro = 90-99% de acertos
- Troféu Estrela de Ouro = 100% de acertos

Resolva todas as questões sobre pontuação e apelações antes de fazer a entrega dos prêmios. O moderador de gincana e os juízes de pontuação devem ter certeza de que todos os pontos estão corretos antes da premiação.

Nunca tire o prêmio de uma criança depois que ela o recebeu. Se houver um erro, as crianças podem receber um prêmio mais alto, mas não um prêmio mais baixo. Isso vale para prêmios individuais e de equipe.

ÉTICA DE COMPETIÇÃO

O diretor distrital de Desafio Bíblico para Crianças é a pessoa no distrito que tem a responsabilidade de conduzir as competições de acordo com as *Regras e Procedimentos Oficiais para Desafio Bíblico de Crianças.*

1. Ouvir Perguntas Antes da Competição. Já que as competições usam as mesmas perguntas, não é apropriado para as crianças e pessoas envolvidas na gincana participarem de outra competição de mesmo nível, seja de zona/área, distrito, ou região, antes de participarem de sua própria competição. Se um adulto que trabalha com Desafio Bíblico participar de outra competição, o diretor distrital de Desafio Bíblico para Crianças pode decidir desqualificar a igreja do adulto participante, impedindo sua participação competição. Se um dos pais e/ou criança assistirem outra competição, o diretor distrital de Desafio Bíblico para Crianças pode escolher desqualificar a igreja do pai e/ou criança participante, impedindo sua participação na competição.

2. Atitude e Conduta dos Facilitadores. Os adultos devem se conduzir de maneira profissional e cristã. As discussões sobre desentendimentos entre o diretor distrital de Desafio Bíblico para Crianças, o moderador de desafio e o juiz de pontuação devem acontecer em particular. Os facilitadores adultos do Desafio não devem compartilhar sobre seus desentendimentos com as crianças. Um espírito de cooperação e espírito esportivo são importantes. As decisões e regras do diretor distrital de Desafio Bíblico para Crianças são definitivas. Anuncie essas decisões em um tom positivo para as crianças e para os adultos.

TRAPAÇAS

Trapaça (colar/copiar) é coisa séria. Trate-a com seriedade.

O diretor distrital de Desafio Bíblico para Crianças, em consulta com o Conselho Distrital do Ministério Infantil, determina a política a ser seguida no caso de uma criança ou adulto trapacear durante a competição.

Tenha certeza de que todos os diretores locais de ministério infantil, pastores de crianças e diretores locais de Desafio Bíblico para Crianças recebem o material com a política e os procedimentos do distrito.

Antes de acusar um adulto ou criança de trapacear, tenha provas ou uma testemunha de que a trapaça ocorreu.

A seguir, apresentamos um procedimento que serve de exemplo. Tenha certeza de que o desafio não será interrompido e que a pessoa acusada de trapacear não será envergonhada na frente dos outros.

- Se você suspeitar que uma criança trapaceou, peça para alguém servir como juiz de trapaça para observar as áreas, mas não aponte para qualquer criança que estiver sob suspeita. Depois de algumas perguntas da competição, peça a opinião do juiz de trapaça. Se o juiz de trapaça não identificar qualquer tipo de cópia ou trapaça, continue com o desafio.

- Se o juiz de trapaça viu a criança trapacear, peça para esse juiz confirmar isso. Não faça nada até que todos estejam seguros da trapaça.
- Explique o problema para o diretor local de Desafio Bíblico para Crianças e peça para o diretor falar com a pessoa acusada em particular.
- O moderador do desafio, o juiz de trapaça, e o diretor local de Desafio Bíblico para Crianças devem ficar observando caso a trapaça continue.
- Se a trapaça ou cópia continuar, o moderador do desafio e o o diretor local de Desafio Bíblico para Crianças devem falar com a pessoa acusada em particular.
- Se a trapaça ou cópia continuar, o moderador do desafio deverá comunicar o diretor local de Desafio Bíblico que a pontuação daquela criança será eliminada da competição oficial.
- No caso da trapaça ser do juiz de pontuação, o diretor distrital de Desafio Bíblico pedirá para o juiz de pontuação sair e um novo juiz tomará o lugar dele.
- No caso da trapaça vir de alguém da plateia, o diretor distrital de Desafio Bíblico para Crianças lidará com a situação da maneira em que julgar ser mais apropriada.

DECISÕES NÃO RESOLVIDAS

Consulte o Escritório Global de Desafio Bíblico para Crianças sobre decisões não resolvidas.

Versículo para Memorização

"'Ela dará à luz um filho, e você deverá dar-lhe o nome de Jesus, porque ele salvará o seu povo dos seus pecados.'"
(Mateus 1:21).

Verdade Bíblica

Jesus é o Filho de Deus, o Salvador que Deus nos prometeu.

Foco

Neste estudo, as crianças aprenderão que Deus cumpre com as suas promessas.

Dica de Ensino

Ao liderar o estudo bíblico, lembre os alunos que Jesus é filho de Deus. Ele é totalmente Deus e totalmente homem. Neste estudo, uma virgem é uma mulher não casada.

Mateus 1:18–2:23

COMENTÁRIO BÍBLICO

Muitas vezes no Antigo Testamento, Deus pedia que seu povo lembrasse do que ele havia ensinado e feito por eles. Deus desejava que o que eles aprendessem, com a história de suas interações com ele, guiasse as suas vidas. As pessoas aprenderam que Deus é consistente, tanto em suas ações como em seu caráter.

Se um profeta dissesse que ele era enviado por Deus, mas a mensagem do profeta não fosse consistente com o que eles aprenderam de Deus, aquele profeta era falso. Portanto, era muito importante para Mateus contar para a comunidade cristã-judaica que Jesus era o cumprimento das profecias do Antigo Testamento. Jesus era o Messias prometido e sua missão era a continuidade do plano de Deus.

O que significa dizer que Jesus cumpria aquelas profecias? O fato que a vida de Jesus fazia um paralelo com eventos prévios na história da salvação (como em Êxodo) era uma prova maravilhosa de que Deus estava pessoalmente envolvido.

CARACTERÍSTICAS DE DEUS

- Deus enviou seu Filho, Jesus, para nos salvar dos nossos pecados.
- Deus cumpre com as suas promessas.

PESSOAS

Espírito Santo é o Espírito de Deus.

Jesus é o único Filho de Deus, o Salvador do mundo. Jesus é totalmente Deus e totalmente homem.

Os **magos** eram homens sábios do oriente, que vieram visitar Jesus.

Rei Herodes era o rei da Judeia na época do nascimento de Jesus.

Um profeta é alguém que Deus escolheu para receber e entregar mensagens especiais dele.

LUGARES

Belém é a cidade onde o nascimento de Jesus ocorreu.

Jerusalém é a cidade principal onde os judeus iam adorar.

Nazaré é a cidade na Galileia onde Jesus morou.

COISAS

Incenso é uma substância de aroma doce que uma pessoa queimava como oferta a Deus.

Mirra é um líquido que as pessoas usavam em óleo, perfume e para preparar corpos para serem enterrados.

ATIVIDADE

Antes da aula, faça claras demarcações de limites na área (na área interna ou externa).

Escolha três crianças para serem os "magos". Explique que na época do nascimento de Jesus, os magos eram homens sábios do oriente. Nessa brincadeira, os "magos" fecharão ou cobrirão os seus olhos e contarão até 50. Enquanto os "magos" contam, os outros participantes se espalham e escolhem algum lugar para se esconderem. Então, os "magos" procuram as crianças. As últimas três crianças que os "magos" encontrarem, serão os novos "magos". Se o tempo permitir, você pode fazer a brincadeira até que toda criança tenha tido a oportunidade de ser um "mago".

Diga: **Hoje vamos aprender sobre alguns magos que procuravam um presente especial.**

LIÇÃO BÍBLICA

Prepare a história a seguir, adaptada de Mateus 1:18–2:23 antes de contá-la para as crianças.

Maria e José anunciaram publicamente que eles iriam se casar. Antes de se casarem, Maria "achou-se grávida do Espírito Santo."

José queria se divorciar dela secretamente. Entretanto, um anjo apareceu a José em um sonho. O anjo disse: "José, filho de Davi, não tema receber Maria como sua esposa. Ela dará luz a um filho, e você deverá dar-lhe o nome de Jesus, porque ele salvará o povo dos seus pecados.

Isso cumpria com o que o Senhor disse através do profeta: "A virgem ficará grávida e dará à luz um filho, e lhe chamarão Emanuel—que significa 'Deus conosco.'"

José acordou e fez como o anjo lhe disse. Quando Maria deu à luz a criança. José o chamou de Jesus.

Depois do nascimento de Jesus em Belém da Judeia, os magos do oriente chegaram a Jerusalém para adorar o recém-nascido Rei dos Judeus. Os magos perguntaram ao rei: "Onde está o recém-nascido rei dos judeus? Vimos a sua estrela no oriente e viemos adorá-lo".

Quando o rei Herodes ouviu isso, ele ficou perturbado. Os chefes dos sacerdotes e os mestres da Lei disseram que o nascimento do bebê aconteceria em Belém. O rei Herodes pediu que os magos lhe contassem quando e onde eles encontrassem o Cristo.

Os magos seguiram a estrela até que ela parou sobre o lugar onde o menino estava. Quando os magos viram o menino, eles se ajoelharam e o adoraram. Então, eles apresentaram a Jesus seus presentes de ouro, incenso e mirra. Entretanto, Deus os avisou em sonho para não voltarem até o rei Herodes. Então, eles voltaram para seu país por outro caminho.

Depois que os magos foram embora, o anjo do Senhor apareceu a José em sonho. O anjo disse para José pegar o menino e sua mãe para escaparem para o Egito. José fez o que o anjo lhe disse. Eles ficaram no Egito até o rei Herodes morrer.

Quando o rei Herodes ouviu o que os magos fizeram, ele ficou extremamente irado. Ele deu ordens para matar, tanto em Belém como em áreas vizinhas, todos os meninos que tivessem dois anos de idade ou menos.

Depois que o rei Herodes morreu, um anjo apareceu a José novamente e lhe disse para levar o menino e sua mãe para Israel. José assim o fez. Deus deu a José outro aviso em sonho. Então, José e sua família se mudaram para o distrito da Galileia, para a cidade de Nazaré. Isso cumpriu com as palavras do profeta que dizia que Jesus seria nazareno.

Motive as crianças a responderem as seguintes perguntas. Não há respostas certas ou erradas. Essas perguntas ajudarão as crianças a entenderem a história e aplicá-la em suas vidas.

1. **Alguém já lhe prometeu alguma coisa? Essa pessoa cumpriu com a sua promessa? Como você se sente sobre alguém que não cumpre com a sua promessa?**

2. **Jesus é totalmente Deus e totalmente homem. Como isso pode ser verdade? Como isso afeta as nossas vidas?**

3. **Você acha que foi preciso fé para José seguir as instruções dos anjos? Por que ou por que não?**

4. **Por que o rei Herodes queria que Jesus morresse?**

5. **Como é que o versículo para memorização, Mateus 1:21, se relaciona com a história? Como esse versículo lhe dá esperança?**

Diga: **Pense sobre uma promessa que alguém lhe fez. Você esperou muito tempo para receber o que essa pessoa lhe prometeu? Deus prometeu enviar o Messias ao seu povo–um Salvador. Eles esperaram muito tempo para esse Messias chegar.**

Israel esperava que seu Messias viesse como um rei que os salvaria de seus inimigos. Ao invés disso, Deus lhes enviou o Messias prometido como um bebê—um bebê que era tanto Deus como homem. Jesus é Deus, o Filho.

VERSÍCULO PARA MEMORIZAÇÃO

Pratique o versículo para memorização da lição. Você encontrará sugestões de Atividades para Memorização dos Versículos nas páginas 140-141.

ATIVIDADES ADICIONAIS

Escolha alguma dessas opções para incrementar o seu estudo bíblico com as crianças.

1. Compare a experiência de Ana orando por um filho e o entregando a Deus com as experiências dessas outras mulheres na Bíblia: Sara (Gênesis 17:15-18:5; 21:1-7), Isabel (Lucas 1:5-25, 57-66), Maria (Lucas 1:26-38, 2:1-7). Leia essas passagens para

as crianças. Pergunte: **Como cada mulher reagiu quando ela descobriu que teria um filho? Que tipo de fé vemos nessas mulheres?**

2. Para revisar a história, conte as boas experiências e as experiências difíceis da vida de Ana. Compartilhe também sobre as experiências boas e difíceis de sua própria vida. Depois, diga como as experiências da história de Ana poderiam lhe ajudar ou lhe encorajar.

PERGUNTAS PARA COMPETIÇÃO BÁSICA

Para preparar as crianças para a competição, leia para elas Mateus 1:18–2:23.

1 Quem estava prometida em casamento a José? (1:18)
  1. Isabel
  2. Maria
  3. Raquel

2 O que o anjo disse a José quando ele planejava anular o casamento com Maria? (1:19-20)
  1. Não tema receber Maria como sua esposa
  2. Anule o casamento com ela secretamente
  3. Case com ela secretamente

3 Por que José deu ao bebê o nome de Jesus? (1:21)
  1. Era um bom nome em sua família.
  2. Jesus salvaria seu povo de seus pecados.
  3. Todas as pessoas importantes tinham o nome de Jesus.

4. Depois do nascimento de Jesus, quem veio do oriente para Jerusalém? (2:1)
  1. Os magos
  2. Rei Herodes
  3. Alguns dos primos de Jesus

5 Por que os magos vieram do oriente? (2:2)
  1. Para adorar o rei Herodes
  2. Para adorar Maria e José
  3. Para adorar o recém-nascido rei dos judeus

6 O que os magos fizeram quando eles viram Jesus? (2:11)
  1. Eles prostraram-se e o adoraram.
  2. Lhe deram presentes.
  3. As duas respostas estão corretas.

7 Quem procurou o menino (Jesus) para matá-lo? (2:13)
  1. O faraó do Egito
  2. Rei Herodes
  3. O rei da Pérsia

8 Por quanto tempo Maria, José e Jesus ficaram no Egito? (2:15)
  1. Até Jesus fazer 12 anos de idade
  2. Até José morrer
  3. Até a morte do rei Herodes

9 Depois que o rei Herodes morreu, o que o anjo disse para José fazer? (2:19-20)

    1. **"Tome o menino e sua mãe, e vá para a terra de Israel."**

    2. "Tome o menino e sua mãe, e vá para Belém."

    3. "Tome o menino e sua mãe, e vá para o Templo."

10 Como os profetas diziam que as pessoas chamariam Jesus? (2:23)

    1. Um milagreiro

    2. **Nazareno**

    3. O maior homem que já viveu

PERGUNTAS PARA COMPETIÇÃO AVANÇADA

Para preparar as crianças para a competição, leia para elas Mateus 1:18–2:23

1 O que aconteceu antes de Maria e José se casarem? (1:18)

    1. Maria decidiu não se casar com José.

    2. José casou-se secretamente com outra moça.

    3. Os pais de Maria interromperam com o relacionamento.

    4. **Maria achou-se grávida pelo Espírito Santo.**

2 Que tipo de homem era José? (1:19)

    1. Arrogante

    2. Pecaminoso

    3. Um importante homem de negócios de Nazaré

    4. **Justo**

3 Que nome José deu ao menino? (1:25)

    1. **Jesus**

    2. José

    3. João

    4. Moisés

4 Quando o rei Herodes ouviu o que os magos disseram, o que ele fez? (2:4, 7)

    1. Ele reuniu todos os chefes dos sacerdotes do povo e os mestres da lei.

    2. Ele perguntou aos sacerdotes e mestres onde deveria nascer o Cristo.

    3. Ele chamou os magos secretamente e informou-se com eles a respeito do tempo exato que a estrela havia aparecido.

    4. **Todas as alternativas acima**

5 Por que os magos retornaram para a sua terra por outro caminho, ao invés de irem falar com o rei Herodes? (2:12)

    1. Eles queriam chegar em casa mais rápido.

    2. **Eles foram advertidos em sonho para não voltarem a Herodes.**

    3. Eles queriam ver outras partes do mundo.

    4. Eles se esqueceram de ir falar com Herodes.

6. Depois que os magos partiram, o que o anjo do Senhor disse a José? (2:13)

1. Tome o menino e sua mãe, e fuja para o Egito.
2. Fique no Egito até que eu lhe diga.
3. O rei Herodes vai procurar o menino para matá-lo.
4. **Todas as alternativas acima**

7 Quando o rei Herodes percebeu que havia sigo enganado pelos magos, o que ele fez? (2:16)

1. Ele mesmo foi até Belém.
2. Ele mandou soldados para prenderem os magos.
3. **Ele ordenou que matassem todos os meninos de dois anos para baixo, em Belém e nas proximidades.**
4. Ele foi ao Egito procurar Jesus.

8 O que aconteceu depois que Herodes morreu? (2:19-20)

1. **Um anjo disse a José para voltar para Israel com Maria e Jesus.**
2. Um rei no Egito tentou encontrar e matar Jesus.
3. Maria e José decidiram ficar no Egito permanentemente.
4. Alguns profetas vieram visitar Jesus no Egito.

9 Como Maria, José e Jesus cumpriram com uma profecia quando eles foram para Nazaré? (2:23)

1. Todos os profetas verdadeiros vinham de Nazaré.
2. **Jesus seria chamado Nazareno.**
3. Jesus teria uma infância feliz em Nazaré.
4. Todas as alternativas acima.

10 Complete o versículo: "'Ela dará à luz um filho, e você deverá dar-lhe o nome de Jesus, porque. . .'" (Mateus 1:21)

1. "'. . . ele salvará o seu povo dos seus pecados.'"
2. "'. . . assim eu o ordeno.'"
3. "'. . . foi isso que os profetas disseram para ele fazer.'"
4. "'. . . esse é um bom nome.'"

ESTUDO 2

Mateus 3:1–4:12, 17-25

Versículo para Memorização

"Jesus respondeu: 'Está escrito: "Nem só de pão viverá o homem, mas de toda palavra que procede da boca de Deus"'".
(Mateus 4:4).

Verdade Bíblica

Jesus usou a Palavra de Deus para vencer a tentação.

Foco

Neste estudo, as crianças aprenderão sobre João Batista. Ele ensinou as pessoas a se arrependerem e se prepararem para a chegada do Messias. João batizou Jesus. Depois disso, Satanás tentou Jesus no deserto. Ao andar próximo do mar da Galileia, Jesus chamou seu primeiro discípulo.

Dica de Ensino

Ao liderar o estudo bíblico, foque no que significa ser um discípulo de Jesus.

COMENTÁRIO BÍBLICO

A Palavra de Deus tem um papel na forma como as pessoas se comportam, sejam elas justas ou ímpias. Neste estudo, aprenderemos como isso é possível.

João Batista cumpriu a profecia de Isaías sobre o arauto de Deus. O escrito de Mateus mostra que Deus, que estava trabalhando no Antigo Testamento, ainda estava trabalhando nos tempos do Novo Testamento.

Os Fariseus e os Saduceus eram intelectuais, peritos na Lei, mas João os repreendeu. Eles interpretavam a Bíblia muito mal. Muitos judeus seguiam os seus ensinos. Então, os fariseus e saduceus afastavam as pessoas de Deus.

Enquanto Jesus esteve no deserto, Satanás usou textos bíblicos para tentar fazer com que Jesus pecasse. Entretanto, Jesus usou a Bíblia para responder Satanás. Os ensinamentos do Antigo Testamento ainda nos ajudam a conhecer a Deus e sua vontade para as nossas vidas. Quando temos tentações, podemos resistí-las usando a direção da Palavra de Deus.

Temos que abordar a Bíblia com a atitude correta. Temos que entender o que lemos e aplicar a mensagem adequadamente.

CARACTERÍSTICAS DE DEUS

• Deus envia o Espírito Santo para nos ajudar.
• Deus nos ajuda a resistir a tentação.

PALAVRAS DE NOSSA FÉ

O **Espírito Santo** é o Espírito de Deus. O Espírito Santo nos capacita a viver para Deus quando confiamos em Jesus como nosso Salvador.

PESSOAS

Os **Fariseus** eram um grupo religioso judaico que seguiam rigidamente a Lei de Moisés. Eles acrescentavam muitas outras regras e costumes à Lei.

Os **Saduceus** eram líderes judaicos de famílias de sacerdotes que acreditavam somente em seguir a Lei de Moisés. Eles não acreditavam na ressurreição dos mortos nem em anjos.

COISAS

Batismo é uma cerimônia pública que simboliza o renascimento de uma pessoa em Cristo.

Jejuar é abrir mão de alguma coisa, geralmente comida, por algum tempo. A pessoa faz isso e usa o tempo para orar e focar em Deus.

Arrepender-se é dar às costas para o pecado e se voltar para Deus.

Tentação é desejar fazer algo que você sabe que não deveria fazer.

ATIVIDADE

Você precisará dos seguintes itens para essa atividade:

- Uma venda para os olhos
- Algumas cadeiras ou outros itens para usar como obstáculos
- Um rolo de fita

Antes da aula, coloque os obstáculos ao redor da sala. Planeje uma rota que a criança fará em volta ou através dos obstáculos. Marque o trajeto no chão com a fita.

Selecione um voluntário. Diga para o voluntário sair da sala. Enquanto o voluntário estiver do lado de fora, diga para as outras crianças: **Hoje nós aprenderemos como a Palavra de Deus nos ajuda a evitar tentações. Eu darei instruções ao voluntário que usará uma venda nos olhos. Enquanto eu estiver dando as instruções, vocês gritarão instruções erradas para o voluntário. Tentem tirá-lo(a) do caminho certo.**

Traga o voluntário para dentro da sala. Coloque o voluntário no início do caminho e coloque a venda nos olhos da criança. Diga: **Eu lhe darei algumas instruções para passar por esse caminho. Escute somente a minha voz!**

Guie a criança com um tom de voz normal. O voluntário deve seguir suas instruções e chegar até o fim do caminho. Repita a atividade com outros voluntários se o tempo permitir.

Diga: **Deus nos dá instruções através da Bíblia. Quando nós estudamos a Bíblia, aprendemos como evitar tentações. Hoje aprenderemos sobre uma vez que Satanás tentou Jesus.**

LIÇÃO BÍBLICA

Prepare a história a seguir, adaptada de Mateus 3:1—4:12, 17-25, antes de contá-la para as crianças.

João Batista começou a pregar no deserto. Ele disse: "Arrependam-se, pois o reino dos céus está próximo. João cumpriu com a profecia de Isaías que alguém pregaria no deserto e prepararia o caminho para Jesus.

João vestia roupas feitas de pêlos de camelo. Ele também usava um cinto de couro. Ele comia gafanhotos e mel silvestre. As pessoas vinham de longe para ver João. João batizava essas pessoas.

Quando João viu os fariseus e saduceus, ele disse: "Raça de Víboras! Dêem fruto que

mostre arrependimento. Vocês são descendentes de Abraão, mas essa linhagem não os salvará. Das pedras Deus pode fazer surgir filhos a Abraão. Toda árvore que não produz bom fruto será cortada e lançada ao fogo".

João disse: "Eu batizo as pessoas com água. Entretanto, virá alguém depois de mim. Ele os batizará com o Espírito Santo".

Jesus veio a João e ele queria que João o batizasse. João disse a Jesus, "Eu preciso ser batizado por ti, e tu vens a mim?"

Jesus disse: "É assim que devemos fazer."

Quando João batizou Jesus, o Espírito de Deus desceu dos céus como uma pomba. A pomba pousou sobre Jesus. Uma voz dos céus disse: "Este é o meu Filho amado, em quem me agrado".

Depois de batizar Jesus, Jesus foi para o deserto. Jesus jejuou por quarenta dias e quarenta noites, e então teve fome. Satanás veio a Jesus e disse: "Se és o Filho de Deus, manda que estas pedras se transformem em pães".

Jesus respondeu: "Está escrito: 'Nem só de pão viverá o homem, mas de toda palavra que procede da boca de Deus.'"

Satanás levou Jesus para Jerusalém, e eles foram para a parte mais alta do templo. Satanás disse: Se és o Filho de Deus, joga-te daqui para baixo. Pois está escrito que Deus vai mandar seus anjos para te proteger".

Jesus também disse: "Também está escrito: 'Não ponha à prova o Senhor.'"

Depois Satanás levou Jesus para um monte muito alto e mostrou-lhe todos os reinos do mundo. Satanás disse: "Tudo isto te darei se prostrado me adorares."

Jesus disse: "Retire-se, Satanás! Pois está escrito: 'Adore o Senhor, o seu Deus, e só a ele preste culto.'" Satanás o deixou, e anjos vieram e o serviram.

Jesus ouviu que João estava na prisão, então Jesus voltou para a Galileia. Ao caminhar, Jesus viu dois irmãos: Simão, chamado Pedro, e André. Eles usavam redes para pegar peixes. Jesus disse: "Sigam-me e vocês pescarão homens ao invés de peixes". Eles deixaram as suas redes e seguiram Jesus.

Jesus viu mais dois irmãos. Seus nomes eram Tiago e João. Esses homens eram filhos de Zebedeu. Eles eram pescadores. Jesus os chamou e eles deixaram suas redes para segui-lo.

Jesus passou por toda a Galileia. Ele ensinou em sinagogas e pregou para as pessoas. Ele também curou as pessoas enfermas. Notícias sobre Jesus se espalharam por toda a Síria e o povo da Síria trouxe seus doentes para Jesus. Eles também trouxeram pessoas que estavam possuídas por demônios e alguns paralíticos. Jesus curou todos eles. Grandes multidões se reuniam em volta de Jesus por onde quer que ele fosse.

Motive as crianças a responderem as seguintes perguntas. Não há respostas certas ou erradas. Essas perguntas ajudarão as crianças a entenderem a história e aplicá-la em suas vidas.

1. Como será que João Batista se sentiu quando ele batizou Jesus?

2. Por que Jesus foi tentado? Quais são algumas tentações que você já teve em sua vida?

3. Por que será que Jesus escolheu Simão Pedro, André, Tiago e João para serem seus discípulos?

Diga: **Foi difícil para Jesus ficar no deserto. O sol estava extremamente quente. Jesus jejuou por quarenta dias e quarenta noites e isso o deixou com muita fome.**

Satanás tentou Jesus de três maneiras diferentes. Entretanto, Jesus resistiu as tentações de Satanás. Jesus nos mostrou como podemos usar a Bíblia para nos defendermos diante das tentações. Nós podemos usar a Palavra de Deus quando Satanás nos tenta.

VERSÍCULO PARA MEMORIZAÇÃO

Pratique o versículo para memorização do estudo. Você encontrará sugestões de Atividades para Memorização dos Versículos nas páginas 140-141.

ATIVIDADES ADICIONAIS

Escolha qualquer uma dessas opções para incrementar o estudo bíblico das crianças.

1. Leia Mateus 3:13-17. Usando giz de cêra, canetinhas ou lápis, peça para cada aluno fazer um desenho do batismo de Jesus. Com a turma, conversem sobre os diferentes eventos que aconteceram quando João batizou Jesus.

2. Com a turma, escreva algumas das tentações que as crianças enfrentam. Depois, leia 1 Coríntios 10:13. Escreva esse versículo em uma faixa grande onde a turma possa vê-lo todo dia. Agradeça a Deus por sua promessa de não deixar que vocês "sejam tentados além do que vocês podem suportar". Deixe as crianças enfeitarem a faixa.

PERGUNTAS PARA COMPETIÇÃO BÁSICA

Para preparar as crianças para a competição, leia Mateus 3:1–4:12, 17-25 para elas.

1 Quem pregou no deserto da Judeia? (3:1)
1. Tiago, o irmão de Jesus
2. José
3. **João Batista**

2 Qual era a mensagem de João Batista? (3:2)
1. **"Arrependam-se, pois o Reino dos céus está próximo."**
2. "Arrependam-se, ou morrerão amanhã."
3. "Jesus é o Salvador. Creiam nele."

3 O que o profeta Isaías predisse sobre João Batista? (3:3)
1. João seria uma voz que clama no deserto.
2. João diria: "Preparem o caminho para o Senhor."
3. **As duas respostas estão corretas.**

4 Quem veio da Galileia para ser batizado por João Batista? (3:13)
1. Os fariseus
2. **Jesus**
3. Todos os parentes de João

5 O que aconteceu quando João batizou Jesus? (3:16)

1. O céu se abriu.
2. O Espírito de Deus desceu como pomba.
3. **As duas respostas estão corretas.**

6 Quanto tempo Jesus jejuou antes de Satanás tentá-lo? (4:2)

1. 30 dias e 30 noites
2. **40 dias e 40 noites**
3. 40 dias e 30 noites

7 O que Jesus disse quando Satanás o tentou para que ele se jogasse do templo? (4:7)

1. **"'Não ponha à prova o Senhor.'"**
2. "'Eu estou com medo.'"
3. "'Eu não posso ser tentado.'"

8 O que Satanás prometeu a Jesus se Jesus se ajoelhasse e o adorasse? (4:8-9)

1. Todos os reinos do rei Herodes
2. O reino de Jerusalém
3. **Todos os reinos do mundo**

9 O que Jesus disse quando ele chamou Pedro e André? (4:19)

1. **"'Eu os farei pescadores de homens.'"**
2. "'Eu os farei meus discípulos.'"
3. "'Eu os farei homens fortes.'"

10 Onde Jesus foi para ensinar, pregar e curar todas as enfermidades? (4:23)

1. Por todo Jericó
2. Por todo Egito
3. **Por toda a Galileia**

PERGUNTAS PARA COMPETIÇÃO AVANÇADA

Para preparar as crianças para a competição, leia Mateus 3:1–4:12, 17-25 para elas.

1 Onde João Batista pregou? (3:1)

1. Nas margens do Rio Jerusalém
2. No templo em Jerusalém
3. **No deserto da Judeia**
4. No Egito

2 O que João Batista comia? (3:4)

1. Gafanhotos e javali
2. Mel silvestre e favos de mel
3. **Gafanhotos e mel silvestre**
4. Gafanhotos e flores silvestres

3 O que Jesus disse a João antes de João batizá-lo? (3:15)

1. "'Convém que assim façamos; Deus o comandou.'"
2. "'Se você não fizer isso, ninguém fará.'"
3. "'É assim que o meu batismo deve ser.'"
4. **"'Convém que assim façamos, para cumprir toda a justiça.'"**

4 Depois que João batizou Jesus, o que a voz dos céus disse? (3:17)

    1. "Este é o meu Filho amado, em quem me agrado."

    2. "Este é o meu Filho, o Salvador."

    3. "Este é o meu Filho; trate-o corretamente."

    4. "Este é Jesus Cristo, Filho do Deus vivo."

5 Quem levou Jesus ao deserto? (4:1)

    1. O próprio Jesus

    2. O diabo

    3. O Espírito

    4. João Batista

6 O que aconteceu com Jesus depois que o diabo o deixou? (4:11)

    1. Alguns anjos vieram e tentaram Jesus.

    2. Alguns anjos vieram e o serviram.

    3. O diabo voltou para tentar Jesus novamente.

    4. Deus consolou Jesus.

7 Quem Jesus viu ao andar à beira do mar da Galileia? (4:18)

    1. Filipe e Natanael

    2. Judas e Tiago

    3. Pedro e André

    4. Bartolomeu e Judas

8 O que Tiago e João fizeram quando Jesus os chamou para seguí-Lo (4:21-22)

    1. Deixaram imediatamente seu pai e o barco, e o seguiram

    2. Eles falaram com Pedro e André, e depois eles seguiram Jesus.

    3. Eles pediram permissão a Zebedeu para seguirem Jesus.

    4. Eles se recusaram a seguir Jesus.

9 Quando as notícias sobre Jesus se espalharam pela Síria, quem eles trouxeram para Jesus? (4:24)

    1. Todos os que estavam padecendo de vários males

    2. Pessoas atormentadas

    3. Pessoas endemoninhadas e paralíticos

    4. Todas as alternativas acima

10 Complete o versículo: ""Jesus respondeu: 'Está escrito: "Nem só de pão viverá o homem,...""" (4:4)

    1. """...mas de todo mandamento do Senhor dos céus.""""

    2. """...mas de toda palavra que eu tenho falado a ele.""""

    3. """...mas de toda palavra que procede da boca de Deus.""""

    4. """...mas de toda a lei e os profetas.""""

Versículo para Memorização

Verdade Bíblica

Jesus nos ensina como viver os mandamentos de Deus como membros do seu reino.

Foco

Neste estudo, as crianças aprenderão que Jesus ensinou novas maneiras para entender e obedecer as leis de Deus sobre homicídio, adultério, divórcio e juramentos.

DICA DE ENSINO

Seus alunos podem ter dúvidas em relação a parte sobre divórcio. Ajude os alunos a entenderem que Jesus veio transformar o pensamento legalista em relação a todos os aspectos da lei, incluindo o divórcio. Jesus demonstrou que verdadeiro propósito da lei de Deus é nutrir o amor e relacionamento.

ESTUDO 3

Mateus 5:1-37

COMENTÁRIO BÍBLICO

No Sermão da Montanha, Jesus explicou que ele veio para cumprir com a Lei e os profetas. A Lei e os profetas eram como vaso meio-cheios, e Jesus terminou as lições que eles começaram. Alguns dos ensinamentos de Jesus pareciam contrários ao Antigo Testamento. Entretanto, Jesus era consistente ao Antigo Testamento. Jesus surpreendeu muitos daqueles que o ouviam. Eles alcançaram um novo olhar sobre a intenção de Deus para a humanidade e eles também tiveram que corrigir vários falsos ensinamentos dos fariseus e saduceus.

O propósito da Lei era ensinar Israel sobre o caráter e os valores de Deus. A Lei também os ensinava como viver uma vida santa. A Lei os ajudava a perceber o valor de um relacionamento com Deus e sua necessidade de perdão. Muitas pessoas não entendiam a Lei. Elas acreditavam que era suficiente ter certos comportamentos sem mudar seu caráter. Jesus ensinou as pessoas a internalizarem a Lei. Jesus aplicou a Lei aos nossos corações—nosso caráter, desejos, atitudes e maneiras de pensar—além do nosso comportamento.

CARACTERÍSTICAS DE DEUS

- Jesus nos ensina como viver como membros de seu reino.
- Jesus nos ensina a obedecer as leis de Deus, porque nós o amamos.

PALAVRAS DE NOSSA FÉ

O **Reino dos Céus** é onde Deus manda. Nós vemos o **reino dos céus** melhor onde as pessoas adoram e obedecem a Deus como Senhor de suas vidas.

ATIVIDADE

Você precisará dos seguintes itens para essa atividade.

- Algumas lanternas
- Uma bacia grande

Apague as luzes da sala. Diga: **Vocês conseguem ver alguma coisa no escuro?** Ligue uma lanterna e coloque embaixo da bacia. Coloque a bacia no chão ou na mesa para que somente apareça uma pequena quantidade de luz sob ela. Diga: **O que você consegue ver?** Tire a bacia e converse sobre o que as crianças vêem com a luz.

Diga: **Quando obedecemos a Jesus, as pessoas podem "ver" como Jesus é através de nossas ações. É parecido com a luz. Quando a sala estava escura, ou a lanterna embaixo da bacia, era difícil ver na sala. Quando eu tirei a bacia de cima da lanterna, nós vimos muitas coisas na sala. Não devemos esconder a nossa luz ou ficarmos envergonhados para compartilhar o amor de Jesus com os outros! Jesus quer que a nossa "luz" brilhe para ele para que outros possam ver como ele é.**

Opção: Dê a cada criança uma lanterna e peça para as crianças ligarem as lanternas quando você disser: **"Luz"**. Se você quiser fazer isso, você pode pedir para as crianças trazerem uma lanterna de suas casas para a aula.

LIÇÃO BÍBLICA

Prepare a história a seguir, adaptada de Mateus 5:1-37 antes de contá-la para as crianças.

Jesus olhou ao seu redor e viu as multidões. Ele subiu a montanha e se assentou. Seus discípulos aproximaram-se dele. Jesus começou a ensinar as pessoas como Deus quer que vivamos.

""Bem-aventurados os pobres em espírito, pois deles é o Reino dos céus.

Bem-aventurados os que choram, pois serão consolados.

Bem-aventurados os humildes, pois eles receberão a terra por herança.

Bem-aventurados os que têm fome e sede de justiça, pois serão satisfeitos.

Bem-aventurados os misericordiosos, pois obterão misericórdia.

Bem-aventurados os puros de coração, pois verão a Deus.

Bem-aventurados os pacificadores, pois serão chamados filhos de Deus.

Bem-aventurados os perseguidos por causa da justiça, pois deles é o Reino dos céus.

Bem-aventurados serão vocês quando, por minha causa os insultarem, perseguirem e levantarem todo tipo de calúnia contra vocês.

Alegrem-se e regozijem-se, porque grande é a recompensa de vocês nos céus."

Jesus ensinou que os cristãos precisam viver de forma que as pessoas vejam o amor de Deus através deles.

Então, Jesus disse: "Vocês são o sal da terra. Mas se o sal perder o seu sabor, como restaurá-lo? Não servirá para nada. . .Vocês são a luz do mundo. Não se pode esconder

uma cidade construída sobre um monte. Ninguém acende uma candeia e a coloca embaixo de uma vasilha. Ao contrário, coloca-a num lugar apropriado, e assim ilumina a todos que estão na casa. Assim brilhe a luz de vocês diante dos homens, para que vejam as suas boas obras e glorifiquem o Pai de vocês que está nos céus."

Algumas pessoas pensaram que Jesus jogaria fora as leis e os ensinos do Antigo Testamento. Jesus disse: "Não pensem que vim abolir a Lei e os profetas; não vim abolir, mas cumprir. Todo aquele que praticar e ensinar esses mandamentos será chamado grande no Reino dos céus."

Jesus esclareceu o significado das leis de Deus. "Vocês ouviram o que foi dito aos seus antepassados: 'Não matarás'. Mas eu lhes digo que qualquer que se irar contra o seu irmão estará sujeito a julgamento."

Jesus disse: "Vocês ouviram o que foi dito: 'Não adulterarás'. Mas eu lhes digo que qualquer que olhar para uma mulher para desejá-la, já cometeu adultério com ela no seu coração."

Jesus disse: "Vocês também ouviram o que foi dito aos seus antepassados: 'Não jure falsamente, mas cumpra os juramentos que você fez diante do Senhor.' "Mas eu lhes digo: 'Não jurem de forma alguma: Nem pelos céus, nem pela terra, nem por Jerusalém nem por sua cabeça. Seja o seu 'sim', 'sim' e o seu 'não', 'não'.'"

Motive as crianças a responderem as seguintes perguntas. Não há respostas certas ou erradas. Essas perguntas ajudarão as crianças a entenderem a história e aplicá-la em suas vidas.

1. Jesus falou aos seus discípulos e provavelmente muitos outros. Como será que as pessoas se sentiram sobre as novas ideias que Jesus ensinou?

2. Como é que os ensinamentos de Jesus se diferenciavam dos ensinamentos do Antigo Testamento?

Diga: **Deus nos dá mandamentos, e ele quer que o obedeçamos. Algumas pessoas obedecem, mas reclamam disso. No Sermão da Montanha, Jesus ensinou sobre obedecer aos mandamentos de Deus, porque o amamos. Jesus nos ensinou a obedecer com o nosso comportamento externo, mas com o nosso coração e atitude também. Deus vê o que está no coração das pessoas. Escolha obedecer a Deus com vontade e com uma atitude positiva. É isso que significa ser um membro de seu reino.**

VERSÍCULO PARA MEMORIZAÇÃO

Pratique o versículo para memorização do estudo. Você encontrará sugestões de Atividades para Memorização dos Versículos nas páginas 140-141.

ATIVIDADES ADICIONAIS

Escolha qualquer uma dessas opções para incrementar o estudo bíblico das crianças.

1. Escreva a palavra bem-aventurado em um papel colorido. Pense sobre as seguintes perguntas: **Quem é bem-aventurado? Por que eles são bem-aventurados? O que essa palavra significa?** Faça essas perguntas aos membros da sua família. Escreva as respostas aleatoriamente no papel colorido.

2. Pesquise as leis do Antigo Testamento que se encaixam com as coisas que Jesus ensinou no Sermão da Montanha. Quais seriam algumas maneiras pelas quais os

Israelitas praticavam essas leis no Antigo Testamento? Em um cartaz, crie duas colunas. Em uma coluna, escreva a informação que você pesquisou do Antigo Testamento. Na outra coluna, escreva as novas ideias que Jesus ensinou sobre cada lei.

PERGUNTAS PARA COMPETIÇÃO BÁSICA

Para preparar as crianças para competição, leia Mateus 5:1-37 para elas.

1 Quando Jesus viu as multidões, o que ele fez? (5:1)

  1. Ele subiu ao monte e se assentou.

  2. Ele foi para a próxima cidade.

  3. As duas respostas estão corretas.

2 O que Jesus começou a fazer na montanha? (5:2)

  1. Cantar

  2. Ensinar

  3. Orar

3 Por que os pobres de espírito são bem-aventurados? (5:3)

  1. "Pois deles é o Reino dos céus."

  2. "Pois eles receberão misericórdia."

  3. "Pois eles receberão a terra por herança."

4 Quem Jesus disse que receberia a terra por herança? (5:5)

  1. Os pobres em espírito

  2. Os humildes

  3. Os misericordiosos

5 De que Jesus disse que chamaríamos os pacificadores? (5:9)

  1. Pessoas de paz

  2. Filhos dos céus

  3. Filhos de Deus

6 De acordo com Jesus, por que as pessoas perseguidas deveriam se alegrar e se regozijar? (5:11-12)

  1. Porque grande é a recompensa deles nos céus.

  2. Porque da mesma forma perseguiram os profetas.

  3. As duas respostas estão corretas.

7 O que acontece quando uma pessoa deixa a sua luz brilhar diante dos homens? (5:16)

  1. As salas ficam mais iluminadas.

  2. As pessoas glorificam ao Pai que está nos céus.

  3. A cidade fica em escuridão.

8 O que Jesus disse que veio para cumprir? (5:17)

  1. Os Dez Mandamentos

  2. A Lei e os profetas

  3. As Bem-aventuranças

9 O que Jesus disse sobre juramentos? (5:34)

  1. "Não cumpra com os juramentos que você fizer."

  2. "Não jurem de forma alguma."

  3. "Tenha cuidado com os juramentos que você fizer."

10 O que Jesus disse que as pessoas deveriam fazer ao invés de jurar? (5:37)

1. "Seja o seu 'sim', 'sim', e o seu 'não', 'não.'"

2. Nunca faça promessas a ninguém.

3. Aperte as mãos para mostrar que você cumprirá com a sua palavra.

PERGUNTAS PARA COMPETIÇÃO AVANÇADA

Para preparar as crianças para a competição, leia Mateus 5:1-37 para elas.

1 Quem Jesus disse que seria consolado? (5:4)

1. Os enfermos

2. **Os que choram**

3. Os que estão em dor

4. Todos que sofrem perseguição

2 O que acontecerá com os que têm fome e sede de justiça? (5:6)

1. **Serão satisfeitos.**

2. Darão aos outros.

3. Muitos serão tirados deles.

4. Seus corações encontrarão descanso.

3 O que acontece com os puros de coração? (5:8)

1. As pessoas serão gentis com eles.

2. Eles receberão muitas coisas.

3. **Eles verão a Deus.**

4. Eles serão cheios de alegria.

4 O que Jesus disse que deveriam fazer os que sofrem perseguição? (5:11-12)

1. **"Alegrem-se e regozijem-se."**

2. "Peçam muita ajuda aos outros."

3. "Fiquem tristes com o que aconteceu."

4. "Briguem com qualquer pessoa que lhes machucar."

5 Com o que Jesus comparou o povo de Deus? (5:13)

1. Manjericão

2. **Sal**

3. Pimenta

4. Alho picado

6 Por que Jesus disse: "'Assim brilhe a luz de vocês diante dos homens'"? (5:16)

1. "Para iluminar a todos na casa"

2. **"Para que vejam as suas obras e glorifiquem ao Pai de vocês, que está nos céus."**

3. "Para que a cidade sobre a montanha brilhe intensamente."

4. Todas as alternativas acima

7 Quem veio para cumprir a Lei e os profetas? (5:17)

    1. Moisés

    2. Josué

    3. Os fariseus

    4. Jesus

8 A quem uma pessoa era levada quando ela dizia: "Racá" ao seu irmão? (5:22)

    1. Às cortes romanas

    2. Ao tribunal

    3. À sinagoga

    4. Todas as alternativas acima

9 Se uma pessoa estiver apresentando sua oferta diante do altar e ali se lembrar de que seu irmão tem algo contra ela, o que essa pessoa deve fazer? (5:23-25)

    1. Deixar a oferta diante do altar.

    2. Ir reconciliar-se com seu irmão.

    3. Voltar e apresentar sua oferta.

    4. Todas as alternativas acima.

10 Complete o versículo: "'Bem-aventurados os pobres em espírito, pois deles é o Reino dos céus. Bem-aventurados os que choram, pois serão consolados. Bem-aventurados os humildes, pois eles receberão a terra por herança. Bem-aventurados os que têm fome. . ." (5:3-6)

    1. ". . . para fazerem o bem, pois eles serão chamados povo de Deus."

    2. ". . . do amor de Deus, pois a bênção de Deus estará sobre eles."

    3. ". . . e sede de justiça, pois serão satisfeitos."

    4. "'. . . e comem a sua parte, pois eles não terão mais fome.'"

Versículo para Memorização

"'Bem-aventurados os misericordiosos, pois obterão misericórdia. Bem-aventurados os puros de coração, pois verão a Deus. Bem-aventurados os pacificadores, pois serão chamados filhos de Deus. Bem-aventurados os perseguidos por causa da justiça, pois deles é o Reino dos céus.'" (Mateus 5:7-10)

Verdade Bíblica

Jesus nos ensina como viver uma vida justa.

Foco

Essa lição ajudará as crianças a aprenderem que Jesus nos ensinou como viver uma vida justa. Nós devemos evitar a vingança, devemos amar os nossos inimigos e doar para pessoas em necessidade.

Dicas de Ensino

Ao liderar o estudo bíblico, foque nas maneiras práticas pelas quais Jesus ensinou as pessoas a viverem como membros do reino de Deus.

CONTEXTO BÍBLICO

No Antigo Testamento, "olho por olho" era o que ensinava os israelitas sobre justiça. A punição por um crime deveria ser da mesma severidade do crime. Isso ajudava os israelitas no entendimento do justo caráter de Deus. Isso lhes ensinava os padrões de Deus sobre certo e errado. Os maus não deveriam abusar dos justos nem dos fracos. Isso também protegia os criminosos de uma punição exagerada.

Quando Jesus esteve na terra, o "olho por olho" tinha virado uma justificativa para vingança pessoal. Jesus corrigiu essa visão. Um tapa na face era um grande insulto. Dar a outra face era uma demonstração de aceitação do insulto. Um insulto não era uma questão legal que os tribunais julgavam. Era uma simples ocorrência fora da lei.

Jesus falou sobre outras situações de justiça. Por exemplo, se alguém lhe processar por algo de errado que você fez, pague mais do que você deve. Quando alguém lhe pedir para fazer algo que você não quer fazer, faça ainda um trabalho extra para ele. Não ajude as pessoas esperando algo em troca. O verdadeiro justo é generoso e coloca amor acima de inconveniências e conflitos pessoais.

CARACTERÍSTICAS DE DEUS

- Deus é justo.
- Deus quer que busquemos seu reino e que confiemos nele.

PALAVRAS DA FÉ

Justiça é um relacionamento certo com Deus. Ser justo significa obedecer a Deus devido ao seu relacionamento com ele. Uma pessoa justa está certa ou tem bondade nos pensamentos, palavras e ações.

PESSOAS

Pagãos eram as pessoas que adoravam ídolos ao invés de Deus.

LUGARES

A **sinagoga** era um lugar onde os judeus se encontravam para ler as Escrituras e adorarem a Deus.

COISAS

Uma **capa** era uma vestimenta comprida. Era como um robe para o dia e um cobertor para a noite.

Uma **túnica** era a principal peça de roupa que os homens vestiam.

Oração é uma conversa com Deus que inclui tanto o falar quanto o ouvir.

Jejuar é abrir mão de alguma coisa, geralmente comida, para ter um tempo de oração e foco em Deus.

ATIVIDADE

Você precisará dos seguintes itens para essa atividade.

• Dois pedaços grandes de papel branco
• Algumas canetinhas coloridas ou giz de cera

Antes da aula, coloque os pedaços de papel na parede da sala. Em um pedaço de papel, desenhe um pássaro. No outro pedaço de papel, desenhe um lírio ou outra flor.

Diga: **Hoje vamos escolher as cores para esse pássaro e para essa flor. Quando eu pedir uma cor, levante a sua mão. Quando eu apontar para você, diga-me que parte do desenho devo pintar.**

Ao colorir os desenhos, tente dar a oportunidade para cada criança participar antes de terminar pintura. Quando você terminar, deixe-as expostas na sala para todos verem.

Diga: **Nós pintamos esses desenhos de um pássaro e uma flor. Entretanto, Deus fez as aves dos céus e os lírios dos campos mais bonitos do que nós conseguiríamos fazer. Hoje vamos aprender que Deus se preocupa conosco muito mais do que ele se preocupa com essas coisas.**

LIÇÃO BÍBLICA

Prepare a história a seguir, adaptada de Mateus 5:38–6:34, antes de contá-la para as crianças.

Jesus continuou a falar com as pessoas que se reuniam ao redor dele. Jesus ensinou as pessoas como elas deveriam tratar quem as maltratasse. Jesus disse: "Vocês ouviram o que foi dito: 'Olho por olho, dente por dente'. Entretanto, eu tenho uma nova instrução para você. Quando alguém lhe fizer algum mal, não resista. Se a pessoa lhe ferir na face direita, permita que ele(a) fira a sua face esquerda também. Se alguém tentar lhe tirar a túnica, dê a ele(a) sua capa também. Se alguém o forçar a caminhar com ele uma milha, vá duas. Dê a quem lhe pedir alguma coisa. Não volte as costas àquele que precisa de alguma coisa.

Algumas pessoas dizem: "Ame o seu próximo e odeie o seu inimigo". Mas Jesus disse: "Amem os seus inimigos e orem por aqueles que os perseguem. Se vocês amarem aqueles que os amam, que recompensa vocês receberão? Até os publicanos fazem isso.

Até os pagãos fazem isso. Portanto, sejam perfeitos como perfeito é o Pai celestial de vocês."

Jesus ensinou as pessoas sobre uma atitude humilde. "Não busquem atenção quando fizerem boas obras. Quando vocês derem para o necessitado, não anunciem isso. Os hipócritas fazem suas boas obras diante dos outros para serem vistos. Se vocês derem esmola aos necessitados, faça isso em segredo. Deus vê o que você faz em segredo e ele o recompensará.

"Algumas pessoas tentam orar em público, para que os outros notem. Quando vocês orarem, entrem no quarto e fechem a porta. Ali vocês podem orar para Deus. Deus vê o que vocês fazem em secreto e ele os recompensará.

"Quando vocês orarem, não usem muitas palavras para que as pessoas os ouçam. É assim que os pagãos oram. Deus sabe o que vocês precisam mesmo antes de o pedirem.

"É assim que vocês devem orar:'Pai nosso que estás nos céus! Santificado seja o teu nome. Venha o teu Reino; seja feita a tua vontade, assim na terra como nos céus. Dá-nos hoje o nosso pão de cada dia. Perdoa as nossas dívidas, assim como perdoamos aos nossos devedores. E não nos deixe cair em tentação, mas livra-nos do mal.'

"Se perdoarem as ofensas uns dos outros, o Pai celestial também os perdoará. Entretanto, se vocês não perdoarem uns aos outros, Deus não perdoará as ofensas.

"Quando jejuarem, não mostrem uma aparência triste que mostre que vocês estão com fome. Ao invés disso, arrumem o cabelo e lavem o rosto, para que as pessoas não saibam que vocês estão jejuando. Apenas Deus saberá o que vocês estão fazendo e ele os recompensará."

Jesus ensinou as pessoas sobre o que eles deveriam valorizar mais. "Não acumulem para vocês tesouros na terra. As coisas da terra se estragam e os ladrões arrombam e furtam. Ao invés disso, guardem tesouros nos céus, onde seu tesouro nunca estragará nem ladrões poderão roubar. Seu coração estará onde você colocar o seu tesouro.

"Os olhos são a candeia do corpo. Se os seus olhos forem bons, você será cheio de luz. Mas se os seus olhos forem maus, você estará cheio de trevas.

"Ninguém pode servir a dois senhores; pois odiará um e amará o outro, ou se dedicará a um e desprezará o outro. Vocês não podem servir a Deus e ao dinheiro."

Jesus ensinou as pessoas a não se preocuparem. "Não se preocupem com a sua própria vida, seu corpo, com o que você vai comer ou beber, ou o que vai vestir. A vida é mais importante que comida e o corpo mais importante que as roupas. As aves do céu não semeiam nem colhem, nem armazenam em celeiros, mas Deus as alimenta. Não tem vocês muito mais valor do que elas? A preocupação não acrescentará nem uma hora à sua vida.

"Da mesma forma, os lírios do campo não trabalham, mas eles são mais belos que Salomão. Deus se importa com os lírios, mesmo sabendo que eles morrem rápido. Não se preocupem com o que vocês comerão, beberão ou vestirão. Os pagãos se preocupam com essas coisas, mas Deus sabe que vocês precisam delas. Busquem pois, em primeiro lugar, o Reino de Deus e a sua justiça, e todas essas coisas lhes serão acrescentadas. Não se preocupem com o amanhã, pois basta a cada dia o seu próprio mal."

Motive as crianças a responderem as seguintes perguntas. Não há respostas certas ou erradas. Essas perguntas ajudarão as crianças a entenderem a história e aplicá-la em suas vidas.

1. **É fácil perdoar seus inimigos? Quando é difícil para você perdoar?**

2. **Às vezes você acha que é difícil orar? Quais métodos poderiam lhe ajudar a orar com mais eficácia?**

3. **O que faz com que você se preocupe? Como você se sente deixando Deus cuidar dessas situações?**

Diga: **Finja que você fez algo de bom para um amigo. Você chamaria todos os seus amigos e família para contar o que você fez? Às vezes queremos uma recompensa quando fazemos algo de bom. Mas Jesus nos disse que deveríamos fazer boas obras para honrar a Deus—não para honrar a** nós mesmos. **Devemos fazer tudo em nossas vidas para louvar e engrandecer o nosso Deus.**

VERSÍCULO PARA MEMORIZAÇÃO

Pratique o versículo para memorização do estudo. Você encontrará sugestões de Atividades para Memorização dos Versículos nas páginas 140-141.

ATIVIDADES ADICIONAIS

Escolha qualquer uma dessas opções para incrementar o estudo bíblico das crianças.

1. Jesus nos ensinou a orar. Peça para a turma toda memorizar a oração do Pai Nosso. Pensem sobre o significado de cada parte da oração. Como essa oração pode nos ajudar a orar com mais eficácia?

2. Como turma, pensem em várias necessidades em sua igreja e na sua comunidade. Faça uma lista desses itens. Para cada item listado, pense em uma forma da sua turma lidar com ele. Selecione um desses itens e faça dele uma atividade para a classe.

PERGUNTAS PARA COMPETIÇÃO BÁSICA

Para preparar as crianças para competição, leia Mateus 5:38--6:34 para elas.

1 **O que Jesus disse que deveríamos fazer ao perverso? (5:39)**

1. Bater nele na face direita.
2. **Não resistí-lo.**
3. Evitá-lo.

2 **O que Jesus disse que deveríamos fazer com aqueles que nos perseguem? (5:44)**

1. **Orar por eles.**
2. Contar tudo para o pastor.
3. Persegui-los também.

3 **O que Jesus disse que deveríamos fazer quando oramos? (6:6)**

1. Ir para o quarto e fechar a porta.
2. Orar ao Pai, que está em secreto.
3. **As duas respostas estão corretas.**

4 **Por que os pagãos repetem muita coisa quando oram? (6:7)**

1. Eles gostam de falar.
2. **Eles pensam que por muito falarem serão ouvidos.**
3. Deus responde as suas orações com mais rapidez.

5 Na oração do Pai Nosso, de que Jesus pede livramento? (6:13)

1. Dos fariseus
2. Dos romanos
3. **Do mal**

6 Por que Jesus disse que as pessoas que jejuam devem arrumar o cabelo e lavar o rosto? (6:17-18)

1. Para que os outros vejam que eles amam a Deus.
2. **Para que não pareça aos outros que eles estão jejuando.**
3. Para que os outros saibam que precisam ficar longe deles.

7 Das frases a seguir, qual foi dita por Jesus? (6:19)

1. **Não acumulem para vocês tesouros na terra.**
2. Não acumulem para vocês dinheiro no banco.
3. Não acumulem para vocês ouro nem prata.

8 Onde devemos acumular os nossos tesouros? (6:20)

1. Na terra
2. Na nossa casa
3. **Nos céus**

9 Quais são os dois senhores que Jesus disse que não podemos servir? (6:24)

1. Deus e os amigos
2. **Deus e o dinheiro**
3. Deus e a família

10 O que devemos buscar primeiro? (6:33)

1. **O Reino de Deus e a sua justiça**
2. Dinheiro
3. Comida e vestes

PERGUNTAS PARA COMPETIÇÃO AVANÇADA

Para preparar as crianças para a competição, leia Mateus 5:38–6:34 para elas.

1 O que Jesus disse para fazermos quando alguém nos pedir algo emprestado? (5:42)

1. Dê a pessoa tudo o que você tem.
2. **Não volte as costas à essa pessoa.**
3. Não lhe dê nada.
4. Dê comida suficiente para toda a família e, depois, mande-os partir.

2 Por que devemos amar os nossos inimigos e e orar por aqueles que nos perseguem? (5:44-45)

1. Para que o nosso Pai celestial nos ame.
2. **Para que sejamos filhos de nosso Pai que está nos céus.**
3. Para que os nossos inimigos e perseguidores tornem-se pessoas melhores
4. Todas as alternativas acima

3 **O que devemos fazer quando damos esmolas para os necessitados?** (6:3)

1. Contar para todos o quanto demos.
2. Dar aos necessitados nossas roupas velhas.
3. **Não deixar que a mão esquerda saiba o que a mão direita fez.**
4. Anunciar isso para que as pessoas nos honrem.

4 **Por que os hipócritas amam orar na sinagoga e nas esquinas?** (6:5)

1. **Para serem vistos pelos outros.**
2. Pois eles não podem orar em casa.
3. Pois foi ali que Jesus lhes disse para orar.
4. Todas as alternativas acima.

5 **O que Jesus disse que as pessoas deveriam fazer quando elas jejuassem?** (6:17)

1. Mostrar aparência de triste e colocar cinzas no rosto.
2. Ficar em casa.
3. **Arrumar o cabelo e lavar o rosto.**
4. Cantar louvores a Deus.

6 **Onde Jesus disse que o nosso coração estaria?** (6:21)

1. Onde a nossa família e amigos estiverem
2. **Onde o nosso tesouro estiver**
3. Nos céus
4. Na terra

7 **O que é mais importante que comida?** (6:25)

1. **Nossa vida**
2. Nossas roupas
3. Nossas posses
4. Um lugar para viver

8 **O que o nosso Pai celestial faz pelas aves dos céus?** (6:26)

1. Ele faz seus ninhos.
2. **Ele as alimenta.**
3. Ele as ajuda a voar.
4. Ele as veste.

9 **O que deveríamos fazer ao invés de nos preocuparmos?** (6:33)

1. Buscar paz e alegria nas pequenas coisas.
2. Dar ao necessitado.
3. **Buscar em primeiro lugar o reino de Deus e a Sua justiça.**
4. Buscar primeiro guardar tesouros nos céus.

10 **Complete o versículo: "Bem-aventurados os perseguidos por causa da justiça,..."** (5:10)

1. **"... pois deles é o Reino dos céus."**
2. "... pois eles serão consolados."
3. "... pois Deus os salvará."
4. "... pois Deus punirá aqueles que os perseguem."

Versículo para Memorização

"'Bem-aventurados serão vocês quando, por minha causa os insultarem, perseguirem e levantarem todo tipo de calúnia contra vocês. Alegrem-se e regozijem-se, porque grande é a recompensa de vocês nos céus, pois da mesma forma perseguiram os profetas que viveram antes de vocês'" (Mateus 5:11-12).

Verdade Bíblica

Jesus tem autoridade para nos ensinar como viver, porque ele é o Filho de Deus.

Foco

Neste estudo, as crianças aprenderão que Jesus ensinou as pessoas como viver para agradar a Deus.

Dica de Ensino

Ao liderar o estudo bíblico, você encontrará muitas metáforas. Uma metáfora é uma forma de descrever algo, usando outros termos para se referir a isso. Por exemplo, dizer que um homem é um "touro indomável". Lembre que as metáforas podem ser muito difíceis para as crianças entenderem. Dedique um tempo para aprender quais são as metáforas usadas no Sermão da Montanha para explicá-las aos seus alunos.

Mateus 7:1-29

COMENTÁRIO BÍBLICO

Jesus se dirigiu aos seus seguidores e lhes deu conselhos sobre como viver em um relacionamento com outros cristãos. Jesus queria que seus seguidores evitassem uma atitude de julgamento. Nessa passagem, Jesus explicou que o problema com o ato de julgar era a atitude de hipocrisia, condenação e justiça pessoal. Jesus disse que seremos julgados da mesma forma que julgarmos os outros. Se mostrarmos misericórdia aos outros, receberemos misericórdia. Se formos duros com os outros, Deus vai nos tratar com dureza. Devemos ser cuidadosos para discernir o caráter de outra pessoa com verdade, humildade e amor.

Jesus ensinou que primeiro devemos remover a viga de nossos olhos. Fazemos isso examinando os nossos corações, mentes e atitudes. Jesus explicou que temos que lidar com os nossos pecados e falhas primeiro, para que possamos ver com precisão as falhas de uma outra pessoa. Se removermos o cisco do nosso olho, podemos voltar ao nosso irmão e ajudá-lo a remover o cisco do olho do irmão. Somente depois de termos experimentado a vergonha e a dor de confessar as nossas falhas e fracassos é que estamos prontos para avaliar os outros com humildade e compaixão. Então, somos convidados, não para condenar, mas para ajudar os nossos irmãos e irmãs em Cristo.

CARACTERÍSTICAS DE DEUS

- Jesus tem a autoridade de ensinar, porque ele é Filho de Deus.
- Deus é sábio e compartilha sua sabedoria conosco.

ATIVIDADE

Você precisará dos seguintes itens para esta atividade:

- Vários materiais de artesanato, como palitos de madeira, canudos, fita, clips de papel, etc. Use todos os materiais disponíveis que você tiver.
- Dois pedaços de tecido que tenham a medida de uma toalha.
- Um cronômetro ou algum marcador de tempo.

Divida a turma em duas equipes. Dê a cada equipe a mesma quantidade de materiais. Coloque os dois pedaços de tecido no chão. Peça para que cada equipe faça uma estrutura, uma casa ou um prédio, com os materiais que eles têm em cima do tecido. Diga para as equipes construírem o prédio mais forte que for possível com aqueles materiais. Dê a cada equipe cinco minutos para fazer a tarefa.

Depois, crie uma "tempestade" com você e seu auxiliar, segurando o tecido pelas quatro pontas. Balance o tecido. Use o cronômetro para determinar quanto tempo levou para a estrutura edificada cair. Faça a mesma coisa com tecido e a estrutura da outra equipe.

Diga: **Mesmo que suas construções parecessem fortes, seus alicerces as fizeram cair e despencar. Hoje vamos aprender sobre um alicerce firme que precisamos para as nossas vidas cristãs.**

LIÇÃO BÍBLICA

Prepare a história a seguir, adaptada de Mateus 7:1-29 antes de contá-la para as crianças.

Jesus continuou com o Sermão da Montanha e disse: "Não julguem, para que vocês não sejam julgados. Pois da mesma forma que julgarem, vocês serão julgados. Porque você repara no cisco que está no olho do seu irmão, e não se dá conta da viga que está no seu olho? Tire primeiro a viga do seu olho, e então você verá claramente para tirar o cisco do olho do seu irmão."

"Peçam, e lhes será dado; busquem, e encontrarão; batam, e a porta lhes será aberta. Se vocês sabem dar coisas boas aos seus filhos, quanto mais o Pai de vocês dará coisas boas aos que lhe pedirem! Assim, em tudo, façam aos outros o que vocês querem que eles lhe façam; pois esta é a Lei e os Profetas."

"Entrem pela porta estreita. Muitos são os que entram pela porta larga e amplo caminho. Ele leva à perdição. Mas como é estreita a porta e apertado o caminho que leva à vida! São poucos os que a encontram."

"Cuidado com os falsos profetas. Eles são lobos que aparecem vestidos de ovelhas para atacarem as ovelhas. Dentro são lobos devoradores. Você pode julgar um falso profeta pelo resultado de suas profecias. Toda boa árvore produz bons frutos, mas a árvore ruim dá frutos ruins. Nem todo aquele que me diz: 'Senhor, Senhor', entrará no Reino dos céus, mas apenas aquele que faz a vontade de meu Pai que está nos céus. Uma pessoa que ama a Deus ajuda outras pessoas a amarem a Deus."

Jesus disse para as pessoas que elas precisavam ter uma forte fé em Deus. "Quem ouve estas minhas palavras e as pratica é como um homem prudente que construiu a sua casa sobre a rocha. Caiu a chuva, transbordaram os rios, sopraram os ventos e deram contra aquela casa. A casa na rocha não caiu, porque tinha seus alicerces na rocha. Mas quem ouve estas minhas palavras e não as pratica é como um insensato que construiu a sua casa sobre a areia. Caiu a chuva, transbordaram os rios, sopraram os ventos e deram contra aquela casa. Ela caiu e foi grande a sua queda."

Quando Jesus terminou, as pessoas estavam maravilhadas com o seu ensino. Ele ensinava como quem tem autoridade, e não como os mestres da Lei.

Motive as crianças a responderem as seguintes perguntas. Não há respostas certas ou erradas. Essas perguntas ajudarão as crianças a entenderem a história e aplicá-la em suas vidas.

1. Que ideias importantes vocês aprenderam desses versículos?

2. Como é que os ensinamentos de Jesus se diferenciam da forma como as pessoas vivem hoje?

3. Quais são algumas atitudes que seriam exemplos de bons frutos e exemplos de frutos ruins? Que tipo de fruto descreveria vocês?

Diga: **Muitas pessoas ouviram Jesus quando ele estava na terra, porque Jesus era sábio. Mas outros ouviram, porque eles queriam aprender mais sobre Deus. Jesus não foi somente um homem bom e um líder sábio. Algumas das coisas que Jesus ensinou não são fáceis para ouvirmos. Algumas das coisas que Jesus ensinou não são fáceis de incluirmos nas nossas vidas. Mas cremos e obedecemos os ensinamentos de Jesus, porque ele é o Filho de Deus.**

VERSÍCULO PARA MEMORIZAÇÃO

Pratique o versículo para memorização do estudo. Você encontrará sugestões de Atividades para Memorização dos Versículos nas páginas 140-141.

ATIVIDADES ADICIONAIS

Escolha qualquer uma dessas opções para incrementar o estudo bíblico das crianças.

1. Motive as crianças a pensarem em momentos quando eles julgaram os outros. Passe um tempo em oração dirigida e permita que as crianças tenham a oportunidade de pedir perdão a Deus por esses momentos. Peça que Deus revele as crianças as áreas de suas vidas que eles precisam melhorar.

2. Divida a turma em algumas duplas. Peça para as crianças sentarem aleatoriamente na sala. Diga: **Imagine que você estivesse na multidão que ouvia a Jesus quando ele estava compartilhando o Sermão da Montanha. O que você diria a um amigo sobre o que você viu e ouviu?** Deixe que as crianças troquem de papel e que cada uma conte a outra o que eles viram e ouviram Jesus dizer.

PERGUNTAS PARA COMPETIÇÃO BÁSICA

Para preparar as crianças para competição, leia Mateus 7:1-29 para elas.

1 O que acontecerá com aqueles que julgarem os outros? (7:1)

1. Eles serão punidos.
2. Eles morrerão por seu pecado.
3. **Eles serão julgados.**

2 O que Jesus disse para fazer antes de tirar o cisco do olho de seu irmão? (7:5)

1. Tire a viga do outro olho do seu irmão.
2. **Tire a viga do seu olho.**
3. Não preste atenção para a viga do seu olho.

3 O que Jesus disse que aconteceria se as pessoas "batessem"? (7:7)

1. Eles receberiam resposta.
2. **A porta lhes seria aberta.**
3. As duas respostas estão corretas.

4 O que Jesus disse que aconteceria quando as pessoas "buscassem"? (7:8)

1. **Elas encontrariam.**
2. Elas se perderiam.
3. Elas ganhariam o jogo.

5 O que o Pai que está nos céus dará para aqueles que lhe pedirem? (7:11)

1. A resposta que eles precisam
2. Qualquer coisa que eles tiverem
3. **Coisas boas**

6 O que Jesus disse que devemos fazer aos outros? (7:12)

1. O que eles nos fizerem
2. **O que queremos que eles nos façam**
3. O que Jesus fez com as pessoas que ele conhecia

7 Para onde a porta estreita e o caminho apertado nos levam? (7:14)

1. Ao jardim
2. **À vida**
3. À destruição

8 Quantas pessoas encontrarão o caminho que leva à vida? (7:14)

1. **Poucos**
2. Quase todos
3. Ninguém

9 Como uma pessoa pode identificar um falso profeta? (7:16)

1. Pela sua aparência
2. **Por seus frutos**
3. Por sua roupa

10 O que aconteceu com a casa do homem insensato quando a chuva caiu, transbordaram os rios e sopraram os ventos? (7:27)

1. Ela flutuou.
2. **Ela caiu uma grande queda.**
3. Ela ficou firme.

PERGUNTAS PARA COMPETIÇÃO AVANÇADA

Para preparar as crianças para a competição, leia Mateus 7:1-29 para elas.

1 Como Jesus disse que as pessoas seriam julgadas? (7:1-2)

1. **Na mesma forma que elas julgassem os outros**
2. Da forma que Deus quer que as julguemos
3. Da forma que os outros os julgam
4. Da forma que o carcereiro as julga

2 O que Jesus disse que muitas pessoas fazem quando elas julgam os outros? (7:3-4)

1. Eles reparam no cisco que está no olho do seu irmão.
2. Eles não se dão conta da viga que estão no próprio olho.
3. Eles dizem ao irmão: "Deixe-me tirar o cisco do seu olho."
4. **Todas as alternativas acima.**

3 Como Jesus disse que o povo de Deus deve tratar os outros? (7:12)

1. **"Façam aos outros o que vocês querem que eles lhes façam."**
2. "Façam aos outros o que eles lhes fizerem."
3. "Façam aos outros o que eles fizeram com as outras pessoas."
4. "Façam boas coisas somente para as pessoas boas."

4 Por qual tipo de porta Jesus disse para as pessoas entrarem? (7:13-14)

1. Pela porta larga
2. Pela porta larga e caminho amplo
3. **Pela porta estreita**
4. Pela porta larga e caminho apertado

5 Como as pessoas reconhecem um falso profeta? (7:15-16)

1. Por suas vestes de ovelha
2. **Por seus frutos**
3. Por sua aparência — eles parecem lobos
4. Por seu gemido

6 O que Jesus disse que era impossível para uma árvore ruim fazer? (7:18)

1. Ela não consegue dar nenhum fruto no inverno.
2. Ela não vive muito.
3. Ela não pode dá flores.
4. **Ela não pode dar bons frutos.**

7 Quem Jesus disse que entraria no Reino nos céus? (7:21)

1. Todos que profetizarem em seu nome
2. Todos que o chamarem de Senhor
3. **Aqueles que fizerem a vontade de seu Pai que está nos céus**
4. Aqueles que expulsarem demônios e fizerem milagres

8 A quem Jesus compara as pessoas que ouvem suas palavras e as pratica? (7:24)

1. A um profeta que sempre fala a verdade
2. **A um homem prudente que construiu sua casa sobre a rocha**
3. A um homem prudente que construiu sua casa na areia
4. A um homem sábio que consegue prever o tempo

9 **Por que as multidões estavam maravilhadas com os ensinos de Jesus?** (7:28-29)

1. Ele contava histórias interessantes.

2. Ele fazia referência aos mestres da Lei.

3. **Ele ensinava como quem tem autoridade, e não como os mestres da Lei.**

4. Todas as alternativas acima.

10 **Complete o versículo: "Bem-aventurados serão vocês quando, por minha causa os insultarem, perseguirem e levantarem todo tipo de calúnia contra vocês. . ."** (5:11-12)

1. **". . . Alegrem-se e regozijem-se, porque grande é a recompensa de vocês nos céus, pois da mesma forma perseguiram os profetas que viveram antes de vocês."**

2. ". . . Vocês serão grandemente recompensados, porque me honraram."

3. ". . . Eu estou feliz com o que vocês têm feito, e também está o Pai que está nos céus."

4. ". . . Celebrem e se alegrem, porque vocês têm feito grandes coisas."

Versículo para Memorização

"Teus caminhos, ó Deus, são santos. Que deus é tão grande como o nosso Deus? Tu és o Deus que realiza milagres; mostras o teu poder entre os povos." (Salmo 77:13-14).

Verdade Bíblica

Os milagres de Jesus nos ajudam a crer que ele é o Filho de Deus.

Foco

Essa lição ajudará as crianças a aprenderem que Jesus tem poder sobre a doença, sobre a natureza e sobre o mal. Ele também tem poder para perdoar pecados.

Dica de Ensino

Ao liderar o estudo bíblico, enfatize os milagres de Jesus e como eles nos ajudam a crer que ele é o Filho de Deus.

ESTUDO 6

Mateus 8:1-17, 23-34; 9:1-8

COMENTÁRIO BÍBLICO

Os milagres neste estudo nos ensinam sobre as habilidades de Jesus. Ele mostrou seu poder sobre a doença e a vida humana quando ele curou o leproso, a sogra de Pedro e muitos outros. Jesus mostrou seu poder sobre a esfera sobrenatural quando ele expulsou o demônio das pessoas. Ele mostrou Seu poder e autoridade sobre o mundo natural quando ele acalmou a tempestade no lago. Jesus tem poder sobre toda a criação. As coisas que ameaçam nos dominar não podem derrotar Jesus.

Esses milagres também nos ensinam que Jesus se preocupava com as pessoas. Quando ele curou o homem que era paralítico, Jesus revelou que ele tinha autoridade para perdoar pecados. Os milagres de Jesus mostraram que Jesus é o Cristo.

Jesus também curou o servo de um centurião romano. Isso mostrou que ele também amava as pessoas que não eram judias. Deus oferece a salvação para todas as pessoas. Ele usou milagres para demonstrar o amor e a compaixão de Deus. Os milagres mostravam que ele é o Filho de Deus.

CARACTERÍSTICAS DE DEUS

- Jesus é mais poderoso que qualquer coisa que nos ameaça.
- Jesus tem autoridade para perdoar pecados.

PALAVRAS DA NOSSA FÉ

Fé é a confiança em Deus que leva as pessoas a acreditarem no que Deus diz, a dependerem dEle e a obedecê-Lo.

PESSOAS

Um **centurião** era um soldado romano que era responsável por 100 homens.

COISAS

Lepra é uma palavra que descreve muitas doenças de pele.

Uma **enfermidade** era uma doença ou deficiência.

Uma **repreensão** é uma advertência ou crítica.

Um **milagre** é um evento impressionante que desafia as leis normais da natureza. Deus mostra o seu caráter e poder quando ele opera milagres.

O **Filho do homem** é um nome para Jesus. Esse nome significa que Jesus é o filho de Deus, mas que ele também é humano.

ATIVIDADE

Você precisará dos seguintes itens para essa atividade:

• Um tapetinho ou um pedaço de papel para cada criança no jogo

• Um adesivo ou pedaço de fita

Antes da aula, coloque o adesivo ou o pedaço de fita embaixo de um dos papéis ou tapetes. Arrume os tapetes ou os pedaços de papel em forma de círculo.

Diga: **Hoje vamos nos levantar desses tapetes e andar. Quando eu disser: "Levante e ande", levantem-se e movam-se para a esquerda. Quando eu disser: "Sente", sentem-se no tapete mais próximo. Se o seu tapete tiver um pedaço de fita embaixo, você está fora do jogo!**

Depois que uma criança sair do jogo, retire um tapete. Junte todos os tapetes e coloque-os em um círculo aleatoriamente. Brinque disso até que sobre apenas uma criança. Essa criança é a vencedora!

Diga: **Jesus fez muitos milagres. Hoje aprenderemos sobre um homem que não sabia andar. Jesus disse para ele: "Levante-se e ande", e o homem foi andando para casa! Também aprenderemos sobre outros milagres que Jesus fez.**

LIÇÃO BÍBLICA

Prepare a história a seguir, adaptada de Mateus 8:1-17, 23-34; 9:1-8, antes de contá-la para as crianças.

Grandes multidões seguiam Jesus. Um homem com lepra chegou a Jesus e ele disse: "Senhor, se quiseres, podes purificar-me".

Jesus disse: "Quero. Seja purificado!" Jesus imediatamente curou o homem de sua lepra. Jesus disse: "Não conte isso a ninguém. Mas vá mostrar-se ao sacerdote e apresente uma oferta como testemunho do que aconteceu a você."

Quando Jesus entrou em Cafarnaum, um centurião chegou até ele. O centurião disse: "Meu servo está paralítico em terrível sofrimento."

Jesus disse: "Eu irei curá-lo".

O centurião disse: "Eu não mereço receber-te embaixo do meu teto. Mas eu sei que você pode curar o meu servo com uma palavra."

Jesus ficou surpreso com a fé do centurião. Ele disse: "Não encontrei ninguém em Israel com tamanha fé. Vá ao seu servo. Ele está curado". O servo foi curado na mesma hora.

Jesus foi para a casa de Pedro. A sogra de Pedro estava com febre. Jesus a tomou pela mão e a febre desapareceu. Naquela noite,

muitas pessoas trouxeram endomoniados para Jesus. Ele expulsou os espíritos e curou todos os doentes.

Jesus entrou no barco com seus discípulos. De repente, começou uma imensa tempestade no mar e ondas enormes inundavam o barco. Os discípulos disseram: "Senhor, salva-nos! Vamos morrer!"

Jesus disse: "Por que vocês estão com tanto medo, homens de pequena fé?" Jesus repreendeu os ventos e o mar, e o mar se acalmou.

Esse milagre impressionou os discípulos. Eles disseram: Quem é este que até os ventos e o mar lhe obedecem?"

Jesus chegou na região dos gadarenos. Dois endemoniados viviam nos sepulcros ali. Eles eram tão violentos que ninguém podia passar perto deles. Eles disseram a Jesus: "Que queres conosco, filho de Deus? Vieste aqui para nos atormentar antes do devido tempo?"

Alguns porcos estavam por ali. Os demônios imploraram: "Se nos expulsa, manda-nos entrar naquela manada de porcos."

Jesus disse a eles: "Vão!" Os demômios saíram dos homens e entraram nos porcos. Toda a manada se jogou precipício abaixo.Os que cuidavam dos porcos fugiram, foram à cidade e contaram tudo. A cidade toda chegou até Jesus e suplicou para ele deixar aquela região.

Jesus entrou no barco e foi para a sua cidade. Alguns homens trouxeram um amigo para Jesus. Esse amigo era paralítico. Jesus disse: "Os seus pecados estão perdoados."

Alguns mestres judeus disseram a si mesmos: "Ele está blasfemando."

Jesus conhecia seus pensamentos. Ele disse:"O que é mais fácil dizer: 'Os seus pecados estão perdoados', ou 'Levante-se e ande?'" Mas para que você saiba que o Filho do homem tem autoridade na terra para perdoar pecados..." Jesus disse ao homem paralítico: "Levante-se, pegue a sua maca e vá para casa." O homem se levantou e foi para casa.

Quando a multidão viu isso, ficou cheia de temor e glorificou a Deus.

Motive as crianças a responderem as seguintes perguntas. Não há respostas certas ou erradas. Essas perguntas ajudarão as crianças a entenderem a história e aplicá-la em suas vidas.

1. Por que o centurião achava que ele não merecia ter Jesus em sua casa?

2. Por que os discípulos tiveram medo da tempestade? Como podemos comparar a fé deles com a fé do centurião?

Diga: **Você consegue imaginar como as pessoas se sentiram sobre Jesus? Jesus curou enfermos com o toque de suas mãos e as palavras de sua boca. Eles acreditavam em Jesus e eles tinham fé em seu poder de cura. Jesus é melhor que um herói de ficção. Os milagres de Jesus nos ajudam a saber que o nosso Salvador se importa. Ele também tem o poder para mudar vidas.**

VERSÍCULO PARA MEMORIZAÇÃO

Pratique o versículo para memorização do estudo. Você encontrará sugestões de Atividades para Memorização dos Versículos nas páginas 140-141.

ATIVIDADES ADICIONAIS

Escolha qualquer uma dessas opções para incrementar o estudo bíblico das crianças.

1. Faça uma lista das pessoas do estudo de hoje. Compare a fé de cada pessoa. Para onde a fé de cada um os levou? Quais obstáculos dificultaram sua fé em Deus? Como você compara a fé dos discípulos com a fé das outras pessoas no estudo de hoje?

2. Deixe as crianças conduzirem entrevistas com as pessoas que testemunharam cada um dos milagres desse estudo. Selecione as crianças para serem essas pessoas: um entrevistador, o homem com lepra, o centurião, a sogra de Pedro, um discípulo no barco que testemunhou a tempestade se acalmando, um homem curado de sua possessão demoníaca. Isso não está escrito. Deixe as crianças revisarem a história enquanto o entrevistador faz as perguntas sobre seus encontros com Jesus.

PERGUNTAS PARA COMPETIÇÃO BÁSICA

Para preparar as crianças para competição, leia Mateus 8:1-17, 23-34; 9:1-8 para elas.

1 O que o leproso disse para Jesus? (8:2)

1. "Afaste-se de mim. Eu sou imundo."
2. **"Senhor, se quiseres, podes purificar-me."**
3. "Senhor, por que isso aconteceu comigo?"

2 O que Jesus disse sobre a fé do centurião? (8:10)

1. "Ele não teve fé suficiente."
2. "Ninguém no mundo tem uma fé como essa."
3. **"Não encontrei em Israel ninguém com tamanha fé."**

3 Como Jesus curou a sogra de Pedro? (8:15)

1. **Ele tomou-a pela mão.**
2. Ele tocou sua testa.
3. Ele ordenou que sua fé a deixasse.

4 O que aconteceu depois que Jesus e seus discípulos entraram no barco? (8:23-24)

1. Uma violenta tempestade abateu-se sobre o mar.
2. As ondas inundavam o barco.
3. **As duas respostas estão corretas.**

5 Da onde os dois homens endemoniados vieram para encontrar Jesus? (8:28)

1. Do rio
2. **Dos sepulcros**
3. Da sinagoga

6 Como os dois endemoniados agiam? (8:28)

1. Eles gritavam de dia e de noite.
2. Eles matavam as pessoas que chegavam até eles.
3. **Eles eram tão violentos que ninguém podia passar naquele caminho.**

7 O que as pessoas da cidade fizeram depois que Jesus curou os endemoniados? (8:34)

1. **Eles pediram para ele ir embora.**
2. Eles o agradeceram por sua ajuda.
3. Eles fizeram uma festa para Jesus.

8 Quem alguns homens trouxeram a Jesus? (9:1-2)

1. Um leproso
2. **Um paralítico**
3. Um homem endemoniado

9 O que Jesus disse para o paralítico fazer? (9:6)

1. Desenvolver uma grande fé
2. Pedir perdão pelos seus pecados
3. **Pegar a sua maca e ir para casa**

10 O que a multidão fez quando Jesus curou o paralítico? (9:8)

1. Eles ajudaram o paralítico a levar a sua maca para casa.
2. **Eles glorificaram a Deus.**
3. As duas respostas estão corretas.

PERGUNTAS PARA COMPETIÇÃO AVANÇADA

Para preparar as crianças para a competição, leia Mateus 8:1-17, 23-34; 9:1-8 para elas.

1 Depois de curar o leproso, o que Jesus o mandou fazer? (8:3-4)

1. "Não conte isso a ninguém."
2. "Vá mostrar-se ao sacerdote."
3. "Apresente a oferta que Moisés ordenou."
4. **Todas as alternativas acima**

2 O que aconteceu quando Jesus entrou em Cafarnaum? (8:5)

1. Um leproso veio até ele para ser curado.
2. **Um centurião veio até ele pedindo ajuda.**
3. Um sacerdote veio até ele para fazer uma pergunta.
4. Um homem paralítico veio até ele.

3 O que Jesus fez pela sogra de Pedro? (8:14-15)

1. Ele expulsou demônios dela.
2. Ele a ensinou sobre a Bíblia.
3. **Ele curou sua febre.**
4. Ele deu comida para ela.

4 Que profecia de Isaías Jesus cumpriu quando Ele curou os enfermos e expulsou demônios? (8:17)

1. **"Ele tomou sobre si as nossas enfermidades e sobre si levou as nossas doenças."**
2. "Ele nos amou e deu a sua vida por nós."
3. "Ele nos curou ao levar as nossas enfermidades na Cruz."
4. "Ele provou que era o Salvador através de suas curas."

5 O que Jesus disse quando os discípulos o acordaram durante a tempestade? (8:26)

1. "Homens de pequena fé. Vocês não sabiam que eu acalmo tempestade?"
2. "Vocês estavam certos de me acordar."
3. **"Por que vocês estão com tanto medo, homens de pequena fé?"**
4. "Grande é a vossa fé.'"

6 Como Jesus curou dois homens endemoniados que viviam nos sepulcros? (8:28, 32)

1. Ele orou por eles.
2. **Ele mandou os demônios entrarem nos porcos.**
3. Ele gritou: "Demônios, saiam deles!"
4. Todas as alternativas acima

7 O que aconteceu com a manada de porcos? (8:32)

1. Eles pisotearam até a morte os homens que cuidavam deles.
2. Eles atacaram os dois homens endemoniados.
3. Eles correram para a cidade próxima.
4. **Eles se atiraram precipício abaixo.**

8 O que os mestres da lei disseram quando Jesus disse ao paralítico que ele perdoou seus pecados? (9:3)

1. **"Este homem está blasfemando!"**
2. "Cure esse homem primeiro; depois perdoe seus pecados."
3. "Quem te deu poder para perdoar pecados?"
4. "Esse homem realmente precisava de perdão pelos seus pecados."

9 O que Jesus disse para o paralítico fazer? (9:6)

1. Levantar
2. Pegar a maca
3. Ir para casa
4. **Todas as alternativas acima**

10 Complete esse versículo: "'Teus caminhos, ó Deus, são santos. Que deus é tão grande como o nosso Deus? Tu és o Deus que realiza milagres;. . .'" (Salmo 77:13-14)

1. "'. . . você é Deus sobre todos os deuses.'"
2. **"'. . . mostras o teu poder entre os povos.'"**
3. "'. . . você é o único Deus que ouve as nossas orações.'"
4. "'. . . você é o único Deus para nós.'"

Versículo para Memorização

"Então, disse aos seus discípulos: 'A colheita é grande, mas os trabalhadores são poucos. Peçam, pois, ao Senhor da colheita, que envie trabalhadores para a sua colheita.'" (Mateus 9:37-38).

Verdade Bíblica

Jesus nos convida para sermos seus discípulos e nos juntarmos a ele na edificação de seu reino.

Foco

Esta lição ajudará as crianças a aprenderem que Jesus deu a seus discípulos uma mensagem para compartilhar e que nós deveríamos compartilhar a mesma mensagem.

Dica de Ensino

Ao liderar o estudo bíblico, as crianças podem lhe perguntar por que Jesus não queria que seus discípulos fossem aos gentios ou aos samaritanos. A mensagem de Jesus era primeiro para os judeus. Depois da ressurreição de Jesus, eles levaram a mensagem para todas as nações.

ESTUDO 7

Mateus 9:9-13, 18-26, 35-38; 10:1-14

COMENTÁRIO BÍBLICO

Os publicanos, coletores de impostos do tempo de Jesus, eram membros da sociedade que eram odiados. Eles eram judeus que trabalhavam para os opressores romanos. Eles ficavam ricos às custas de seus vizinhos. Os fariseus queriam saber por que Jesus comeria com Mateus e seus amigos de má-reputação. Comer com alguém indicava um relacionamento. Os fariseus pensavam que Jesus tolerava o estilo de vida dos publicanos. Na verdade, Jesus afastou Mateus de sua vida de pecado. A missão de Jesus era alcançar aqueles que precisavam dele independente do status ou da reputação deles.

Deus quer que trabalhemos em sua colheita para trazer pessoas para a comunidade da aliança. Oramos para mais trabalhadores. A salvação não é assunto para somente "Deus e eu". Ao invés disso, Jesus quer que novos crentes se unam à comunidade que ele já estabeleceu através de Israel. Nós, assim como Jesus, devemos alcançar a todas as pessoas com um amor consistente.

CARACTERÍSTICAS DE DEUS

- Deus nos chama para seguí-lo e para compartilhar o seu amor com os outros.
- Deus nos enviar para edificar o seu reino.

PALAVRAS DA NOSSA FÉ

Um **discípulo** é uma pessoa que segue os ensinos e o exemplo de outra pessoa. Jesus escolheu 12 discípulos para ajudá-lo com o evangelho. Hoje, todos aqueles que aceitam e seguem a Jesus são seus discípulos.

PESSOAS

Os **Zelotes** eram um grupo de judeus que acreditavam que somente Deus era o rei de Israel. Eles eram capazes de lutar e morrer para ganhar liberdade de Roma.

ATIVIDADE

Você precisará dos seguintes itens para essa atividade.

- Papel
- Tesouras
- Canetas, lápis e canetinhas

Antes da aula, recorte uns doze peixinhos de papel e escreva duas ou três palavras do versículo para memorização, Mateus 9:37-38, em cada peixe. Depois, esconda os peixes pela sala.

Fale para as crianças encontrarem os doze peixes que estão pela sala. Depois, diga para as crianças colocarem os peixes na ordem correta. Recitem o versículo para memorização juntos.

LIÇÃO BÍBLICA

Prepare a história a seguir, adaptada de Mateus 9:9-13, 18-26, 35-38; 10:1-14 antes de contá-la para as crianças.

Jesus viu Mateus, que trabalhava na coletoria. "Siga-me", Jesus disse para Mateus. Mateus levantou-se e o seguiu.

Jesus e seus discípulos jantaram na casa de Mateus com muitos publicanos e pecadores. Os fariseus perguntaram aos discípulos de Jesus: "Por que o mestre de vocês come com publicanos e 'pecadores'?"

Jesus ouviu o que eles perguntaram e ele disse: "Não são os que tem saúde que precisam de médico, mas sim os doentes. Eu não vim chamar os justos, mas os pecadores."

Enquanto Jesus falava, chegou um dos dirigentes da sinagoga e ajoelhou-se diante dele. O dirigente disse a Jesus que sua filha havia morrido naquele dia. Ele pediu a Jesus: "Vem e impõe a tua mão sobre ela, e ela viverá." Então, Jesus levantou-se e foi com ele. Seus discípulos também foram com ele.

Naquele dia, uma mulher que tinha hemorragia há doze anos veio por trás de Jesus e tocou na borda de seu manto. Ela dizia para si mesma: "Se eu tão somente tocar em seu manto, ficarei curada." Voltando-se, Jesus a viu e disse: "A sua fé a curou."

Quando Jesus entrou na casa do dirigente, ele pediu para a multidão sair. Jesus disse: "A menina não está morta, mas dorme." Quando a multidão se afastou, ele tomou a menina pela mão, e ela se levantou.

Jesus passava por todas as cidades e povoados. Ele ensinou, pregou as boas novas do Reino e curou todas as enfermidades e doenças. Jesus teve compaixão das pessoas, porque elas estavam aflitas e desamparadas, como ovelhas sem pastor. Então, Jesus disse aos seus discípulos: "A colheita é grande, mas os trabalhadores são poucos."

Jesus deu aos seus discípulos autoridade para expulsar espíritos imundos e curar todas as doenças e enfermidades. Havia doze discípulos. Seus nomes eram: Simão, chamado Pedro, e André, seu irmão; Tiago, filho de Zebedeu, e João, seu irmão; Filipe, Bartolomeu; Tomé e Mateus, o publicano; Tiago, filho de Alfeu, e Tadeu; Simão, o zelote, e Judas Iscariotes, que o traiu.

Jesus disse aos seus discípulos para dirigirem-se às ovelhas perdidas de Israel, não aos gentios nem aos samaritanos. Ele lhes disse para pregarem a mensagem que dizia: "O Reino dos Céus está próximo". Ele disse para os discípulos curarem os enfermos, ressuscitarem os mortos, purificarem os leprosos, expulsarem demônios. Jesus lhes disse quando entrassem em alguma cidade ou povoado, procurassem alguém digno de recebê-los, e ficarem em sua casa até partirem. Jesus lhes avisou que se alguém não os recebesse bem nem ouvisse as suas palavras, eles deveriam sacudir a poeira de seus pés quando deixassem aquela casa ou cidade.

Motive as crianças a responderem as seguintes perguntas. Não há respostas certas ou erradas. Essas perguntas ajudarão as crianças a entenderem a história e aplicá-la em suas vidas.

1. **Você acha que Mateus e seus amigos perceberam o que os fariseus falaram sobre eles? Se acha, como você acha que eles se sentiram?**

2. **As pessoas riram de Jesus quando ele disse que a menina só estava dormindo, mas não estava morta. Você acha que eles creram em Jesus depois que ele a ressuscitou? Por que ou por que não?**

3. **Por que Deus precisa de trabalhadores para lhe ajudarem na colheita?**

4. **Por que uma cidade rejeitaria Jesus e Seus discípulos?**

Diga: **Você já achou que você não era importante? Talvez você ache que não tem um trabalho importante para fazer. Isso não é verdade. Jesus lhe chama para fazer o trabalho mais importante do mundo: compartilhar as boas novas sobre ele com** as pessoas que não o conhecem. Jesus sempre buscou pessoas comuns para lhe ajudarem. Muitas dessas pessoas provavelmente se sentiam pouco importantes antes de conhecerem a Jesus.

Jesus lhes disse: "A colheita é grande, mas os trabalhadores são poucos" (9:37). Jesus quis dizer que há muitas pessoas que não conhecem o amor de Deus. As pessoas que conhecem Jesus devem dizer a todos sobre o amor de Deus. Todos têm um trabalho para fazer por Jesus, e esse trabalho é muito importante.

VERSÍCULO PARA MEMORIZAÇÃO

Pratique o versículo para memorização do estudo. Você encontrará sugestões de Atividades para Memorização dos Versículos nas páginas 140-141.

ATIVIDADES ADICIONAIS

Escolha qualquer uma dessas opções para incrementar o estudo bíblico das crianças.

1. **Quem são seus amigos mais próximos? Jesus foi um modelo e um mentor de seus discípulos. Um mentor é uma pessoa que lhe guia em uma atividade ou numa série de eventos, ou lhe ensina alguma coisa. Pense sobre seus amigos e família. Quem seria um mentor para você? O que você pode aprender sobre Jesus através deles? Quais seriam algumas coisas que você poderia lhes ensinar sobre Jesus?** Incentive as crianças a fazerem uma lista de duas pessoas em suas vidas por quem eles podem orar, discipular e mentoriar.

2. Convide um(a) pastor(a) para falar na sua aula sobre seu testemunho cristão e chamado ao ministério. Permita que as crianças façam perguntas. Trate esse tempo com

sensibilidade. Esse pode ser um momento que Deus usará para chamar uma criança de sua classe para um ministério cristão de tempo integral. Deixe as crianças saberem que Deus pede que todos os cristãos ministrem àqueles ao seu redor. Alguns cristãos recebem um chamado a um ministério de tempo integral específico.

PERGUNTAS PARA COMPETIÇÃO BÁSICA

Para preparar as crianças para competição, leia Mateus 9:9-13, 18-26, 35-38; 10:1-14 para elas.

1 O que Jesus disse para Mateus na coletoria? (9:9)

1. "Seus pecados foram perdoados."
2. **"Siga-me."**
3. "Você será um coletor de homens."

2 Quem comeu na casa de Mateus com Jesus? (9:10)

1. Os fariseus e mestres da lei
2. **Muitos publicanos e pecadores**
3. Os amigos enfermos de Mateus

3 Que pergunta os fariseus fizeram a Jesus depois que eles viram que Jesus comeu na casa de Mateus? (9:10-11)

1. **"Por que o mestre de vocês come com publicanos e 'pecadores'?"**
2. "Por que o seu mestre fala com Mateus?"
3. "Por que Mateus não nos convidou para jantar?"

4 Das frases a seguir, o que Jesus disse para os fariseus? (9:13)

1. Desejo misericórdia, não sacrifícios.
2. Eu não vim chamar justos, mas pecadores.
3. **As duas respostas estão corretas.**

5 O que fez a mulher que sofria com hemorragia havia doze anos? (9:20)

1. Ela tocou os braços de Jesus.
2. **Ela tocou a borda do manto de Jesus.**
3. Ela implorou para Jesus a curar.

6 Como Jesus curou a filha enferma do dirigente da sinagoga? (9:25)

1. **Ele a tomou pela mão, e ela se levantou.**
2. Ele orou por ela, e ela se levantou.
3. Ele tocou na sua testa, e ela se levantou.

7 O que Jesus fez em todas as cidades e povoados? (9:35)

1. Ele falou com os mestres da Lei.
2. Ele visitou sua família e seus amigos.
3. **Ele ensinou, pregou e curou.**

8 Por que Jesus teve compaixão das multidões? (9:36)

1. Elas estavam enfermas e precisando de cura.
2. **Elas estavam aflitas e desamparadas, como ovelhas sem pastor.**
3. Elas eram pobres e necessitadas.

9 O que Jesus disse aos seus discípulos sobre a colheita? (9:37)

1. **A colheita é grande, mas os trabalhadores são poucos.**
2. A colheita é pouca, e há muitos trabalhadores.
3. A colheita é plena. Vá e pegue-a.

10 Que autoridade Jesus deu aos seus 12 discípulos? (10:1)

1. **Ele deu-lhes autoridade para expulsar os espíritos imundos e curar todas as doenças e enfermidades.**
2. Ele deu-lhes autoridade para ressuscitar mortos.
3. Ele deu-lhes autoridade para discernir entre o certo e o errado.

PERGUNTAS PARA COMPETIÇÃO AVANÇADA

Para preparar as crianças para a competição, leia Mateus 9:9-13, 18-26, 35-38; 10:1-14 para elas.

1 Quem viu Mateus sentado na coletoria? (9:9)

1. **Jesus**
2. Os discípulos de Jesus
3. O sumo sacerdote
4. Um dirigente romano

2 O que Jesus disse para os fariseus na casa de Mateus? (9:12-13)

1. "Não são os que têm saúde que precisam de médico, mas sim os doentes."
2. "Desejo misericórdia, não sacrifícios."
3. "Não vim chamar os justos, mas pecadores."
4. **Todas as alternativas acima.**

3 Quem disse: "Minha filha acaba de morrer. Vem e impõe a sua mãe sobre ela, e ela viverá."? (9:18)

1. Um fariseu
2. **Um dirigente da sinagoga**
3. Um centurião
4. Pedro

4 Quem foi com o dirigente cuja filha havia morrido? (9:19)

1. **Jesus e seus discípulos**
2. Somente Jesus
3. Jesus e alguns fariseus
4. Jesus e um médico

5 Quem tocou a borda do manto de Jesus quando ele estava indo à casa do dirigente da sinagoga? (9:19-20)

1. Uma mulher com problemas de coluna
2. Duas crinaças que brincavam
3. Um homem com a mão ressequida
4. **Uma mulher com uma hemorragia há 12 anos**

6 **O que Jesus disse para os flautistas e a multidão na casa do dirigente?** (9:24)

1. "Saiam! Vocês não têm como ajudar a esse menina morta."

2. "Saiam! A menina não está morta, mas dorme."

3. "Saiam! Vocês fazem muito barulho."

4. "Saiam! O dirigente não quer vocês aqui."

7 **Quais instruções Jesus deu aos discípulos quando ele os enviou?** (10:5-10)

1. Não se dirijam aos gentios nem aos samaritanos.

2. Preguem a mensagem que o Reino está próximo.

3. Não levem nem ouro, nem prata, nem cobre em seus cintos.

4. Todas as alternativas acima.

8 **O que os discípulos de Jesus deveriam fazer quando eles entrassem em uma cidade ou povoado?** (10:11)

1. Procurar uma sinagoga e começar a ensinar.

2. Buscar um sacerdote e se apresentar.

3. Procurar alguém digno de recebê-los, e ficarem ali.

4. Buscar uma pousada para ficar.

9 **O que os discípulos deveriam fazer se alguém não os recebesse?** (10:14)

1. Orar pela pessoa ou pela cidade e partir.

2. Insistir com eles em nome de Jesus.

3. Sacudir a poeira dos pés quando saíssem daquela casa ou cidade.

4. Queimar a cidade.

10 **Complete o versículo: "Então, disse aos seus discípulos: 'A colheita é grande, mas os trabalhadores são poucos. Peçam, pois, ao Senhor da colheita, . . .'"** (9:37-38)

1. "'. . . trazer a colheita logo.'"

2. "'. . . contratar trabalhadores para a sua colheita.'"

3. "' . . . que envie trabalhadores para a sua colheita.'"

4. "' . . . ajudar com o árduo trabalho.'"

Versículo para Memorização

"'Venham a mim, todos os que estão cansados e sobrecarregados, e eu lhes darei descanso. Tomem sobre vocês o meu jugo e aprendam de mim.'" (Mateus 11:28-29a).

Verdade Bíblica

Jesus revela a verdade sobre ele mesmo e sobre o seu Reino para aqueles que o buscam.

Foco

Essa lição ajudará as crianças a aprenderem que Jesus revelou que ele é o Messias através das boas obras que ele fez.

Dica de Ensino

Ao liderar o estudo bíblico, enfatize a resposta de Jesus às dúvidas de João e a forma como Deus se revelou através dos milagres de Jesus.

Mateus 11:1-11, 25-30; 12:1-14

COMENTÁRIO BÍBLICO

As declarações e comportamentos de Jesus foram inesperados e seus significados não eram claros para muitos. A forma como as pessoas respondiam aos métodos de Jesus tipicamente revelam suas intenções e atitudes em relação as coisas de Deus.

João Batista era um grande profeta da época do Antigo Testamento. Ele profetizou sobre o Messias e ouviu a voz de Deus proclamar que Jesus é o Seu filho. João era o cumprimento da profecia e ele foi obediente ao plano de Deus para a sua vida. Mas mesmo assim, João tinha dúvidas sobre Jesus.

Jesus assegurou João que ele, Jesus, era o Messias. A evidência desse fato estava disponível para aqueles que estavam prontos para ajustar a sua perspectiva em relação ao Messias. Aqueles que creram que Jesus era o Messias ganharam uma nova perspectiva de Deus.

Os fariseus estavam cientes dos sinais messiânicos que Jesus realizou. Mas diferentemente de João, eles não estavam abertos a um entendimento mais aprofundado de Deus. A perspectiva de Jesus em relação ao Sábado era consistente com o Antigo Testamento. A perspectiva dos fariseus sobre o Sábado não era. Os fariseus se cegaram para não entenderem as Escrituras nem os métodos de Jesus. A cura do homem com uma mão atrofiada deveria ter convencido-os da autoridade de Jesus. Ao invés disso, eles quiseram matar Jesus.

CARACTERÍSTICAS DE DEUS

- Jesus provou que ele é o Messias.
- Jesus se importa com aqueles que estão cansados.

PALAVRAS DA NOSSA FÉ

Um **profeta** é alguém que Deus tem escolhido para receber e entregar mensagens.

COISAS

O **Sábado** é o dia que Deus separou para adorá-lo e e para descansar.

Um **jugo** é um pedaço de madeira que liga dois animais para que eles possam trabalhar juntos.

Ser **humilde de coração** é quando alguém foca mais em Deus e nos outros do que em si mesmo, e é dar louvor a Deus pelo que ele fez por nós.

ATIVIDADE

Você precisará dos seguintes itens para essa atividade.

- Um quadro negro ou branco
- Vinte e cinco pedaços de papel
- Giz ou caneta para quadro branco
- Fita adesiva

Antes da aula, escreva o versículo para memorização do estudo no quadro negro ou no quadro branco. Use os pedaços de papel para cobrir cada palavra do versículo para memorização. Coloque números em cada pedaço de papel e os organize em ordem numérica.

Diga: **Hoje nós vamos revelar o versículo para memorização para esse estudo. Vou chamar alguém para me dizer um número. Eu removerei aquele número do quadro. Depois de remover o número, leremos as palavras reveladas. Depois, a pessoa que eu chamar vai indicar outra pessoa da classe. Aquela pessoa falará outro número em voz alta.**

Continue até as crianças verem cada palavra. Apague as palavras e deixe os alunos recitaram o versículo juntos.

Diga: **Nós escolhemos as palavras para revelar o versículo para memorização deste estudo. Na lição de hoje, aprenderemos como Jesus revelou sua verdadeira natureza através de seus milagres.**

LIÇÃO BÍBLICA

Prepare a história a seguir, adaptada de Mateus 11:1-11, 25-30; 12:1-14, antes de contá-la para as crianças.

Jesus ensinou aos seus discípulos muitas coisas sobre como Deus quer que os seus seguidores vivam. Jesus e os seus discípulos foram à Galileia para ensinar e pregar.

João Batista ouviu que Jesus estava próximo. João enviou seus discípulos para perguntar a Jesus: "És tu aquele que haveria de vir ou devemos esperar algum outro?"

Jesus disse: "Voltem até João. Digam-lhe que os cegos agora vêem. Os mancos agora andam, e as pessoas leprosas estão saudáveis. Os surdos agora ouvem, e os mortos agora estão vivos."

Quando os discípulos de João partiram, Jesus falou com a multidão. Ele disse: "Vocês vieram ver no deserto um caniço agitado pelo vento? Se não, o que vocês queriam ver? Um homem que veste roupas finas? Não, pois quem usa roupas finas vive nos palácios reais. Vocês vieram ver um profeta? Sim. Mas vocês viram alguém que é mais do que um profeta. Essa pessoa é João Batista, e não há ninguém maior do que ele. Apesar disso, o menor do Reino dos céus é maior do que ele."

Jesus falou sobre seu relacionamento com Deus, o Pai. Ele disse: "Eu te louvo, Pai, Senhor dos céus e da terra. Tu revelaste a tua natureza aos pequeninos.

"Tu me entregaste todas as coisas, Pai. Ninguém conhece o Filho a não ser o Pai, e ninguém conhece o Pai a não ser o Filho e aqueles que o Filho o quiser revelar."

Jesus sabia que as pessoas às vezes estavam cansadas. Ele disse: "Se vocês estão cansados, venham a mim e eu lhes darei descanso. Tomem sobre vocês o meu jugo e aprendam de mim. Sou manso e humilde de coração. Vocês encontrarão descanso, pois o meu jugo é suave e o meu fardo é leve."

O líder judeu tinha muitas regras sobre o Sábado. No Sábado, Jesus passou pelas lavouras de cereal com seus discípulos. Quando os discípulos tiveram fome, eles colheram espigas para comê-las. Os fariseus viram isso. Eles disseram: "Teus discípulos não honram o Sábado. Eles fazem o que não é permitido."

Jesus disse: "Quando Davi e seus companheiros tiveram fome, eles comeram os pães no tabernáculo. Da mesma forma, a Lei diz que os sacerdotes profanam o Sábado. Entretanto, eles ficam sem culpa. Aqui está o que é maior que o templo. O Filho do homem é o Senhor do Sábado."

Jesus foi à sinagoga onde ele encontrou um homem com a mão atrofiada. Os fariseus queriam uma razão para acusar Jesus, então eles perguntaram: "É permitido curar no Sábado?"

Jesus disse: "Se as suas ovelhas caírem em um buraco no Sábado, vocês vão tirá-las de lá. Um homem vale muito mais do que uma ovelha. Portanto, é permitido fazer o bem no Sábado."

Jesus disse ao homem: "Estenda a mão". O homem estendeu a sua mão e ele foi curado. Isso irritou os fariseus e eles começaram a conspirar uma forma de matar Jesus.

Motive as crianças a responderem as seguintes perguntas. Não há respostas certas ou erradas. Essas perguntas ajudarão as crianças a entenderem a história e aplicá-la em suas vidas.

1. Por que João queria saber se Jesus era o Messias? Você já pediu para Deus te ajudar a entender alguma coisa? O que foi?

2. Jesus mostrou que ele é o Messias quando ele realizou os milagres. De que outras formas Jesus mostrou que ele era o Messias?

3. Jesus confrontou os fariseus em Mateus 12:1-14. Como será que os fariseus se sentiram? Alguém já te confrontou? Como você se sentiu?

Diga: **Há momentos em sua vida que você se sente confuso? Geralmente as pessoas ficam confusas sobre quem Deus é. Elas podem se sentir confusas sobre como Deus quer que elas vivam. Da mesma maneira que João permitiu que Jesus acabasse com a sua confusão sobre quem Jesus era, Jesus pode nos ajudar com as nossas confusões. Quando lemos a Bíblia, oramos e aceitamos a Jesus como o Filho de Deus, podemos ter uma perspectiva mais verdadeira de quem Deus é. Também podemos ter um entendimento melhor de como devemos viver.**

VERSÍCULO PARA MEMORIZAÇÃO

Pratique o versículo para memorização do estudo. Você encontrará sugestões de Atividades para Memorização dos Versículos nas páginas 140-141.

ATIVIDADES ADICIONAIS

Escolha qualquer uma dessas opções para incrementar o estudo bíblico das crianças.

Quando João estava na prisão, ele foi encorajado por Jesus. Com toda a turma, pensem em maneiras que vocês podem encorajar pessoas. Escrevam recados para duas pessoas na sua igreja ou comunidade para encorajá-las.

Conversem sobre a possibilidade de Deus realizar milagres hoje. Peça para as crianças entrevistarem alguns adultos e descobrirem se os adultos sabem de algum milagre que Deus realizou. Deixe as crianças relataram o que elas aprenderam.

PERGUNTAS PARA COMPETIÇÃO BÁSICA

Para preparar as crianças para competição, leia Mateus 11:1-11, 25-30; 12:1-14 para elas.

1 Quem ouviu na prisão o que Jesus fez? (11:2)
1. Pedro e Tiago
2. Tiago e João
3. **João Batista**

2 O que João Batista fez quando ele ouviu o que Jesus fez? (11:2-3)
1. **Ele enviou seus discípulos para falarem com Jesus.**
2. Ele escapou da prisão para ver Jesus.
3. Ele louvou a Deus por tudo que Jesus fez.

3 Qual foi a pergunta que os discípulos de João fizeram a Jesus? (11:3)
1. "Quando você morrerá na cruz por nós?"
2. **"Você é quem deveria vir ou devemos esperar outra pessoa?"**
3. As duas respostas estão corretas.

4 De acordo com Jesus, que profecia do Antigo Testamento fala sobre João Batista? (11:10)
1. "Eu o farei um grande profeta."
2. **"Enviarei o meu mensageiro à tua frente."**
3. "Algum dia ele vestirá roupas finas."

5 Que convite Jesus fez às pessoas? (11:28)
1. "Venham a mim, todos que são pobres e eu suprirei as suas necessidades."
2. "Venham a mim, todos que têm fome e eu os alimentarei."
3. **"Venham a mim, todos os que estão cansados e sobrecarregados, e eu lhes darei descanso."**

6 O que Jesus disse sobre seu jugo e seu fardo? (11:30)

1. **"O meu jugo é suave e o meu fardo é leve."**
2. "O meu jugo e o meu fardo servem a todos perfeitamente."
3. "Meu jugo e meu fardo os farão fortes."

7 O que os discípulos que estavam com fome fizeram no Sábado? (12:1)

1. **Eles colheram as espigas de cereais para comê-las.**
2. Eles transformaram as pedras em pão.
3. Eles foram para o lago pescar.

8 Quem Jesus disse que era o Senhor do Sábado? (12:8)

1. Deus, o Pai
2. Os anjos nos céus
3. **O Filho do homem**

9 Quando Jesus foi à sinagoga, que pessoa ele encontrou em especial? (12:9-10)

1. O sumo sacerdote de Jerusalém
2. **Um homem com a mão atrofiada**
3. Uma mulher cega há doze anos

10 Como Jesus respondeu a pergunta dos fariseus sobre curar no Sábado? (12:10,12)

1. "Eu nunca curo no Sábado."
2. "Às vezes é permitido curar no Sábado."
3. **"É permitido fazer o bem no Sábado."**

PERGUNTAS PARA COMPETIÇÃO AVANÇADA

Para preparar as crianças para a competição, leia Mateus 11:1-11, 25-30; 12:1-14 para elas.

1 Onde estava João Batista quando ele ouviu o que Jesus estava fazendo? (11:2)

1. **Na prisão**
2. No tribunal de Herodes
3. No deserto
4. Na casa de seus pais

2 O que Jesus disse para os discípulos de João falarem para ele? (11:4-5)

1. "Os cegos vêem."
2. "Os leprosos são purificados."
3. "Os mortos são purificados, e as boas novas são pregadas aos pobres."
4. **Todas as alternativas acima**

3 Como Jesus descreveu João Batista? (11:11)

1. "Ele é o melhor amigo que qualquer pessoa pode ter."
2. **"Entre os nascidos de mulher não surgiu ninguém maior do que João Batista."**
3. "Eu sou um profeta, mas João é mais que um profeta."
4. Todas as alternativas acima

4 O que Jesus convidou as pessoas a fazerem? (11:29)

1. Contar parábolas.
2. **Tomar o seu jugo e aprender dele.**
3. Andar num jumento.
4. Todas as alternativas acima

5 Quem colheu espigas de cereais para comer no Sábado? (12:1)

1. Jesus e Seus discípulos
2. Jesus e uma multidão de pessoas
3. **Os discípulos de Jesus**
4. Os discípulos e suas esposas

6 O que os fariseus disseram para Jesus quando seus discípulos colheram e comeram as espigas no Sábado? (12:2)

1. **"Os seus discípulos estão fazendo o que não é permitido no Sábado."**
2. "Os seus discípulos são muito sábios."
3. "Os seus discípulos quebraram as leis de nossa nação."
4. "Os seus discípulos não deveriam comer muito."

7 O que Jesus disse quando os fariseus disseram que os discípulos fizeram o que não era permitido no Sábado? (12:3-8)

1. "Davi comeu os pães da Presença que era permitido comer apenas para os sacerdotes."
2. "Os sacerdotes no templo profanam esse dia e, contudo, ficam sem culpa."
3. "Aqui está o que é maior que o templo."
4. **Todas as alternativas acima**

8 O que Jesus fez para o homem com a mão atrofiada? (12:13)

1. **Ele restaurou sua mão quando o homem a estendeu.**
2. Ele esticou a mão até o tamanho apropriado.
3. Ele orou pelo homem e ele curou a sua mão.
4. Ele se recusou a fazer qualquer coisa, porque era Sábado.

9 Depois que Jesus curou o homem com a mão atrofiada, o que os fariseus fizeram? (12:14)

1. Eles louvaram a Deus.
2. Eles agradeceram Jesus por esse milagre.
3. **Eles começaram a conspirar sobre como poderiam matar Jesus.**
4. Eles repreenderam Jesus com raiva.

10 Complete o versículo: "Venham a mim, todos os que estão cansados e sobrecarregados,..." (11:28-29a)

1. "...e eu lhes darei paz. Aprendam dos meus ensinos."
2. "...e eu lhes darei descanso. Venham sempre que precisarem descansar."
3. "...e encontrarão descanso para as suas almas."
4. **"... e eu lhes darei descanso. Tomem sobre vocês o meu jugo e aprendam de mim."**

Versículo para Memorização

"'Busquem, pois, em primeiro lugar o Reino de Deus e a sua justiça, e todas essas coisas lhes serão acrescentadas.'" (Mateus 6:33).

Verdade Bíblica

Deus quer que entendamos o seu Reino, e Jesus usou parábolas para ensinar essas verdades.

Foco

Nessa lição, as crianças aprenderão que Jesus comparou o Reino dos céus com muitas coisas para que pudéssemos entendê-lo melhor.

Dica de Ensino

Ao liderar o estudo bíblico, ajude as crianças a entenderem a diferença entre os vários tipos de solo. Com a turma toda, pensem em exemplos de como uma pessoa de cada categoria pode viver e agir.

Mateus 13:1-23, 31-35, 44-46, 53-58

COMENTÁRIO BÍBLICO

Os discípulos perguntaram a Jesus por que ele ensinava em parábolas. As parábolas eram boas ilustrações do Reino, mas algumas pessoas não entendiam o seu significado. Algumas pessoas que ouviram Jesus eram teimosas e causadoras de problemas que encontravam falhas em todos. Elas ouviam as suas palavras, viam os seus milagres, mas elas não o ouviam de verdade nem viam quem Jesus realmente era.

Muitas vezes os discípulos não entendiam as parábolas. Entretanto, diferentemente daqueles que eram espiritualmente cegos e surdos, os discípulos prestavam atenção e perguntavam sobre o significado das parábolas. Os discípulos realmente se importavam com Jesus, e eles queriam obedecê-lo. Os discípulos queriam aprender sobre Deus para entender Jesus melhor.

Jesus quer que busquemos entendê-lo diligentemente. Ele quer que o obedeçamos. Ele quer que todos sejam parte do Reino de Deus.

CARACTERÍSTICAS DE DEUS

• Deus quer que entendamos a sua Palavra e obedeçamos o que Ele diz.

PALAVRAS DE NOSSA FÉ

Uma parábola é uma história que usa itens conhecidos para ensinar uma lição especial. Jesus usou **parábolas** para explicar ideias sobre Deus e o seu Reino.

ATIVIDADE

Você precisará dos seguintes itens para essa atividade.

- Pedaços de papel (o dobro do número de crianças que tiver na sua classe)
- Uma caneta, um lápis ou uma canetinha

Antes da aula, escreva alguns itens que as crianças consideram valiosos em alguns pedaços de papel. Inclua itens como comida, abrigo, Deus e família. Dobre os pedaços de papel no meio.

Durante a aula, instrua as crianças para se sentarem em círculo e peça para cada criança escolher um pedaço de papel. Cada criança pode escolher ficar com o seu pedaço de papel ou trocá-lo para tentar pegar algo mais valioso do que o que ela já tem. Deixe as crianças abrirem os papéis e lerem as palavras neles. Discuta o valor de cada item com cada pessoa.

Diga: **Com o que você gastaria todo o seu dinheiro? O que você faria com esse item para mantê-lo em segurança?**

Leia Mateus 13:44-46 para as crianças. Diga: **O que as pessoas na história fizeram com seus itens de valor? O que será que Jesus quis dizer quando ele comparou esses itens com o Reino dos céus?** (O Reino dos céus é tão valioso que deveríamos estar dispostos a abrir mão de tudo para recebê-lo.)

LIÇÃO BÍBLICA

Prepare a história a seguir, adaptada de Mateus 13:1-23, 31-35, 44-46, 53-58 antes de contá-la para as crianças.

Jesus assentou-se à beira do mar para falar com as pessoas. Grandes multidões se reuniram ao seu redor, então ele entrou num barco e sentou-se nele para ensinar.

Ele contou muitas coisas para as pessoas em parábolas. Uma parábola é uma história que usa itens conhecidos para ensinar uma lição espiritual.

Jesus disse: "O semeador saiu a semear. Algumas sementes caíram à beira do caminho, e as aves vieram e as comeram. Algumas sementes caíram em terreno pedregoso, onde não tinha muita terra. As plantas logo secaram e queimaram, pois não tinham raiz. Outras sementes caíram entre espinhos que cresceram e 'sufocaram as plantas'. Outras sementes caíram em boa terra, deram boa colheita—a cem, sessenta e trinta por um." Depois Jesus disse: "Aquele que tem ouvidos para ouvir, ouça."

Os discípulos perguntaram a Jesus por que ele falava às pessoas em parábolas. Jesus disse: "Eles ouvem, mas não entendem. O coração desse povo se tornou insensível." Jesus disse aos discípulos que eles recebiam bênçãos, porque eles viam, ouviam e entendiam.

Depois, Jesus explicou a parábola do semeador. Quando alguém ouve a mensagem do Reino, mas não a entende, o maligno vem e lhe arranca a mensagem. Esse é como a semente à beira do caminho. A semente que caiu em terreno pedregoso é como a pessoa que ouve a palavra e a recebe com alegria. Entretanto, como uma planta sem raiz, quando os problemas chegam, ela logo desiste. A semente que caiu entre espinhos é como uma pessoa que ouve a Palavra, mas as preocupações dessa vida sufocam a mensagem, tornando-a infrutífera. Mas a pessoa que recebe a Palavra, a entende e permite que ela cresça e faça a diferença é como uma semente que caiu em boa terra.

Depois Jesus disse às pessoas outra parábola. Ele disse: "O Reino dos céus é como um grão de mostarda que um homem plantou em seu campo. Embora seja a menor dentre todas as sementes, quando cresce, torna-se a maior das hortaliças e se transforma numa árvore, de modo que as aves do céu fazem ninhos em seus ramos.

O Reino dos céus também é como o fermento que se mistura com uma massa e a faz crescer.

Jesus disse todas essas coisas à multidão através de parábolas. Ele não disse nada a eles sem usar uma parábola.

Jesus disse: "O Reino dos céus é como um tesouro escondido no campo. Certo homem o encontrou e escondeu-o de novo. Depois, cheio de alegria, ele vendeu tudo o que tinha e comprou aquele campo. O Reino dos céus é como um negociante que procura pérolas preciosas. Encontrando uma de grande valor, foi, vendeu tudo o que tinha e a comprou."

Depois que Jesus terminou essas parábolas, ele voltou à sua cidade natal para ensinar as pessoas. Todos ficaram admirados com a sua sabedoria e poder. Entretanto, eles simplesmente o viam como o filho de Maria e José. Jesus disse: "Só em sua própria terra e em sua própria casa é que um profeta não tem honra." Jesus não realizou muitos milagres ali, por causa da incredulidade deles.

Motive as crianças a responderem as seguintes perguntas. Não há respostas certas ou erradas. Essas perguntas ajudarão as crianças a entenderem a história e aplicá-la em suas vidas.

1. Como é que a parábola do semeador se relaciona com a sua vida e com a maneira que você reage com Deus? Que tipo de solo você é?

2. Como é que o Reino dos céus se relaciona com um grão de mostarda e com o fermento?

3. Por que Jesus não foi aceito em sua cidade? Você acha que isso ainda acontece com ministros e outras pessoas hoje? Compartilhe quaisquer exemplos que você tiver.

Diga: Jesus usou parábolas para ensinar as pessoas sobre Seu Reino. As parábolas usavam exemplos e itens que eram conhecidos pelas pessoas. Para que as pessoas pudessem entender seu significado mais profundo, suas mentes deviam estar abertas para receberem a lição que Jesus lhes ensinava.

A Palavra de Deus se espalhará por todo o mundo. Todos farão a escolha de crer ou não crer. Jesus quer que escolhamos segui-lo. Que escolha você fez?

VERSÍCULO PARA MEMORIZAÇÃO

Pratique o versículo para memorização do estudo. Você encontrará sugestões de Atividades para Memorização dos Versículos nas páginas 140-141.

ATIVIDADES ADICIONAIS

Escolha qualquer uma dessas opções para incrementar o estudo bíblico das crianças.

1. Com a turma toda, plante alguns feijões ou sementes de grama. Ao plantar as sementes, faça as seguintes perguntas: O que uma planta precisa para crescer? Por que Jesus comparou o Reino dos céus com as sementes que caíram em diferentes tipos de terra? Com toda a classe, cuide das

sementes até que elas brotem e virem uma planta. Depois que a planta crescer, incentive as crianças a mostrarem a planta para alguém e contar para essa pessoa a parábola das sementes.

2. Pesquise sobre a importância do grão de mostarda. Pergunte: **O quanto você consegue colher de uma planta de grão de mostarda? Por que Jesus comparou o** Reino dos céus com um grão de mostarda? **Também pesquise a importância do fermento.** Tente fazer uma receita de pão duas vezes, uma com fermento e outra sem fermento. Pergunte: **Qual é a diferença e qual é a semelhança entre as duas massas de pão? Por que Jesus comparou o Reino dos céus com o fermento?**

PERGUNTAS PARA COMPETIÇÃO BÁSICA

Para preparar as crianças para competição, leia Mateus 13:1-23, 31-35, 44-46, 53-58 para elas.

1 **Quem saiu a semear?** (13:3)

1. A esposa do semeador
2. **Um semeador**
3. Um semeador e seu filho

2 **O que aconteceu com a semente que caiu à beira do caminho?** (13:4)

1. As pessoas pisaram nelas.
2. **Aves a comeram.**
3. As duas respostas estão corretas.

3 **O que aconteceu com a semente que caiu entre espinhos?** (13:7)

1. Os espinhos comeram as plantas.
2. Os espinhos e as sementes cresceram bem juntos.
3. **Os espinhos sufocaram as plantas.**

4 **O que aconteceu com a semente que caiu em bom solo?** (13:8)

1. Deu boa colheita — duas vezes mais que a semente.
2. **Deu boa colheita — a cem, sessenta e trinta vezes mais que uma semente.**
3. Deu boa colheita—300 vezes mais que a semente.

5 **Por que Jesus disse que ele ensinava as pessoas por meio de parábolas?** (13:15)

1. Pois eles não entendiam histórias reais.
2. Pois eles gostavam de parábolas.
3. **Pois seus corações estavam insensíveis.**

6 **A semente que caiu em bom solo produziu mais sementes. Quem isso descreve?** (13:8, 23)

1. **Aquele que ouve a palavra e a entende.**
2. A pessoa que usa poderes mágicos.
3. As duas respostas estão corretas.

7 **O que acontece com a semente de mostarda quando você a planta?** (13:32)

1. Ela seca e morre, pois não tem raiz.
2. Ele cresce como uma pequena planta.
3. **Ela cresce e torna-se uma grande árvore onde as aves vêm fazer ninhos.**

8 Quando um homem encontrou um tesouro escondido num campo, o que ele fez? (13:44)

1. Ele escondeu-o de novo.
2. Ele vendeu tudo o que tinha e comprou aquele campo.
3. **As duas respostas estão corretas.**

9 Quando Jesus voltou para a sua cidade, o que ele fez? (13:54)

1. **Ele ensinou o povo na sinagoga.**
2. Ele vendeu todas as suas posses e entregou o dinheiro na sinagoga.
3. Ele discutiu com os sacerdotes na sinagoga.

10 Como as pessoas em sua cidade se sentiram sobre o que Jesus lhes ensinava? (13:54, 57)

1. Ficaram admiradas.
2. Ficaram escandalizados por causa dele.
3. **As duas respostas estão corretas.**

PERGUNTAS PARA COMPETIÇÃO AVANÇADA

Para preparar as crianças para a competição, leia Mateus 13:1-23, 31-35, 44-46, 53-58 para elas.

1 Jesus usou histórias para ensinar as pessoas. Que tipo de história Jesus usou? (13:3)

1. **Algumas parábolas**
2. Contos de fada
3. Lições de história
4. Histórias reais sobre os discípulos

2 Que tipo de semente logo brotou, porque não havia muita terra? (13:5)

1. **A semente que caiu em terreno pedregoso**
2. A semente que caiu em boa terra
3. A semente que caiu à beira do caminho
4. A semente que caiu entre os espinhos

3 Como é a semente que caiu entre os espinhos? (13:22)

1. **Alguém que ouve a Palavra, mas a preocupação dessa vida e o engano das riquezas a tornam infrutíferas**
2. Alguém que é tão preguiçoso que não tira as pragas de seu campo
3. Alguém que não tem muito dinheiro para cuidar bem de seu campo
4. Todas as alternativas acima

4 Quem é que a semente que caiu em boa terra representa? (13:23)

1. Aqueles que têm boa vida e fazem boas obras
2. Aqueles que são 100, 60, ou 30 vezes melhores que outras pessoas
3. Aqueles cuja bondade é igual a bondade de Deus.
4. **Aqueles que ouvem a Palavra de Deus, a entende, e dão uma grande colheita para Deus**

5 **Com o que Jesus comparou o Reino dos céus?** (13:31, 33)

1. Um grão de mostarda e um grão de trigo
2. **Um grão de mostarda e fermento**
3. Farinha de trigo e fermento
4. Sal e pimenta

6 **O que o homem que encontrou o tesouro escondido fez?** (13:44)

1. **Ele escondeu-o novamente, vendeu tudo o que tinha e comprou o campo onde o tesouro estava.**
2. Ele o escavou e levou para ele.
3. Ele comprou o tesouro do homem que tinha o campo.
4. Ele o deixou no campo, porque não era dele.

7 **Como a multidão reagiu quando Jesus ensinou em sua cidade?** (13:54, 57)

1. Eles ficaram maravilhados e pediram que ele falasse novamente.
2. **Eles ficaram tanto admirados como escandalizados.**
3. Eles ficaram escandalizados, e tentaram matá-lo.
4. Eles o chamaram de "profeta sem honra."

8 **O que as pessoas da cidade de Jesus disseram sobre ele?** (13:55-56)

1. Não é este o filho do carpinteiro?
2. Não são seus irmãos Tiago, José, Simão e Judas?
3. De onde, pois, ele obteve todas essas coisas?
4. **Todas as alternativas acima**

9 **Por que Jesus não realizou muitos milagres em sua cidade?** (13:58)

1. **Por causa da incredulidade das pessoas.**
2. As pessoas não queriam milagres.
3. As pessoas confiavam em Deus, mas não confiavam em Jesus.
4. Não havia tempo para fazer milagres.

10 **Complete o versículo: "Busquem, pois, em primeiro lugar o Reino de Deus e a sua justiça, . . ."** (6:33)

1. ". . . e Deus responderá as suas orações."
2. ". . . e você será uma pessoa muito justa."
3. **". . . e todas essas coisas lhes serão acrescentadas."**
4. ". . . e você viverá muito na terra que o Senhor, seu Deus, lhe prometeu."

Mateus 14:1-36

Verdade Bíblica

Por que Jesus se importa conosco, podemos confiar nele.

Foco

Essa lição ajudará as crianças a aprenderem que Jesus se importa conosco. Por causa disso, ele é digno de nossa confiança.

Dica de Ensino

Ao liderar o estudo bíblico, enfatize como os milagres de Jesus mostram o tanto que ele se importa com as pessoas. Jesus cuidou das pessoas apesar de seu cansaço e de sua necessidade para ficar sozinho.

COMENTÁRIO BÍBLICO

Quando Jesus ouviu sobre a morte de João Batista, ele se retirou para um "lugar deserto". Jesus provavelmente queria passar tempo com Deus em oração para lidar com a morte de João. Entretanto, quando Jesus chegou nesse lugar, havia uma multidão esperando por ele. Jesus sentiu compaixão por eles.

Jesus disse para os discípulos alimentarem as pessoas. Os discípulos não tinham comida suficiente para todos. Eles apresentaram seus poucos recursos para Jesus em obediência ao seu comando. Jesus louvou a Deus por prover pães e peixe, e ele os partiu em pedaços. Jesus devolveu os pedaços para os discípulos, que serviram a comida para a multidão. Havia comida suficiente para todos, com sobras abundantes.

CARACTERÍSTICAS DE DEUS

- Jesus se importa conosco e ele é capaz de suprir as nossas necessidades.
- Jesus é digno de nossa confiança.

PALAVRAS DE NOSSA FÉ

Compaixão é uma preocupação que nos leva a ajudar outras pessoas.

PESSOAS

Rei Herodes era Herodes Antipas. Ele era meio-irmão do rei Filipe.

João Batista foi o homem que preparou o caminho para Jesus. Ele pregou sobre a necessidade de se arrepender.

Um **tetrarca** era uma pessoa que governava um quarto do reino ou de uma terra.

Herodias era a ex-mulher do rei Filipe. Ela casou-se com o Herode Antipas.

LUGARES

Genesaré era uma planície estreita com cerca de seis quilômetros e meio de comprimento (cerca de quatro milhas) e cerca de três quilômetros de largura (duas milhas) no litoral noroeste do Mar da Galileia.

COISAS

Um **juramento** é uma promessa, um voto.
Um **lugar deserto** é um lugar onde a pessoa vai para ficar sozinha.
Alta madrugada eram as horas entre 3 e 6 da manhã.

ATIVIDADE

Você precisará dos seguintes itens para essa atividade:
- Uma pequena cadeira
- Uma venda para os olhos
- Dois voluntários adultos

Antes da aula, explique as regras para os voluntários adultos. Os voluntários adultos segurarão uma cadeira entre eles. Mantenha a cadeira uns 15 centímetros acima do chão. Um aluno voluntário vai sentar na cadeira e colocar as mãos nos ombros dos adultos. Daí, os adultos vão fingir que vão levantar a cadeira no ar. Os adultos vão manter a cadeira no mesmo lugar, mas vão se colocar de joelhos. O aluno voluntário vai achar que está mais alto, no ar.

Diga: **Quando Jesus andou sobre as águas, ele convidou Pedro para seguí-lo. Pedro não sabia o que aconteceria, mas ele seguiu Jesus. Agora, você vai tomar um passo de fé! Saia da cadeira e pise no chão! Prepare-se** para agarrar a criança no caso dela tropeçar.

Pedro ficou com medo quando ele viu as ondas ao seu redor. Ele esqueceu que Jesus cuidaria dele. Hoje vamos aprender como Jesus se preocupa com todos nós.

LIÇÃO BÍBLICA

Prepare a história a seguir, adaptada de Mateus 14:1-36, antes de contá-la para as crianças.

O rei Herodes ouviu sobre as coisas miraculosas que Jesus fazia. Ele disse: "Este é João Batista; ele ressuscitou dos mortos!"

O rei Herodes disse isso, porque ele havia prendido João um pouco antes. Herodes encarcerou João para agradar Herodias, a esposa do irmão de Herodes, Filipe. Herodias não gostava de João, porque ele disse para Filipe: "Não te é permitido viver com ela." Herodes queria matar João, mas ele tinha medo das pessoas. As pessoas criam que João era um profeta.

No aniversário de Herodes, a filha de Herodias dançou para ele. Herodes se agradou dela e ele prometeu dar a ela qualquer coisa que ele pedisse. Herodias disse para a sua filha pedir pela cabeça de João Batista num prato. O pedido preocupou Herodes, mas ele cumpriu com a sua promessa. Ele ordenou que seus homens decapitassem João. Um oficial trouxe a cabeça de João para Herodias e sua filha. Os discípulos de João enterraram o seu corpo e depois contaram para Jesus o que aconteceu.

Quando Jesus ouviu o que havia acontecido com João, ele foi para um lugar deserto. As multidões ouviram que Jesus havia ido a

esse lugar e elas o seguiram. Jesus viu a grande multidão e curou seus doentes.

Ao cair da tarde, os discípulos se aproximaram de Jesus. Eles disseram: "Este é um lugar deserto, e já está ficando tarde. Manda embora a multidão para que eles possam comprar comida."

Jesus disse: "Eles não precisam ir. Dêem-lhes vocês algo para comer."

Os discípulos disseram: "Tudo o que temos aqui são cinco pães e dois peixes."

Jesus disse: "Tragam-nos aqui para mim". Jesus falou para as pessoas sentarem. Jesus deu graças pelo pão e peixe e os partiu. Em seguida, Jesus falou para os discípulos passarem a comida para a multidão. Todas as pessoas comeram o tanto que queriam. Os discípulos recolheram a comida que sobrou e encheram doze cestas. No total, a comida alimentou cinco mil homens, além das mulheres e crianças.

Jesus mandou os seus discípulos na sua frente para o barco. Ele se despediu da multidão e subiu num monte para orar. O barco já estava afastado da terra e o vento estava forte. As ondas fortes sacudiam o barco.

Na alta madrugada, Jesus dirigiu-se a eles andando sobre o mar. Os discípulos acharam que Jesus era um fantasma, e eles tiveram medo. Jesus disse: "Não tenham medo. Sou eu."

Pedro disse: "Senhor, se és tu, manda-me ir ao teu encontro por sobre as águas."

Jesus disse: "Venha."

Pedro foi até Jesus. Entretanto, quando ele viu o vento e as ondas, ele teve medo e começou a afundar. Pedro disse: "Senhor, salva-me!"

Imediatamente, Jesus estendeu a mão e o segurou. Jesus disse a Pedro: "Homem de pequena fé, por que você duvidou?"

Quando Jesus e Pedro entraram no barco, o vento acalmou. Os discípulos disseram: "Verdadeiramente tu és o Filho de Deus."

Quando Jesus e os discípulos chegaram ao outro lado do mar, eles atracaram em Genesaré. Os homens de Genesaré reconhecem Jesus, e eles espalharam a notícia para as outras pessoas. As pessoas lhe trouxeram os seus doentes, e todos que tocaram Jesus foram curados.

Motive as crianças a responderem as seguintes perguntas. Não há respostas certas ou erradas. Essas perguntas ajudarão as crianças a entenderem a história e aplicá-la em suas vidas.

1. Como será que Jesus se sentiu quando ele soube que João estava morto? Já morreu alguém que você amava? Por que Jesus precisava orar?

2. Jesus alimentou uma grande multidão de pessoas com somente cinco pães e dois peixes. Como será que a multidão se sentiu testemunhando esse milagre? Você já viu algo miraculoso? Como você se sentiu?

3. Por que Jesus convidou Pedro para seguí-lo na água? Você já sentiu Deus te chamar para fazer algo difícil? Como você se sentiu sobre isso?

Diga: Como você sabe se alguém se importa com você ou ama você? Como as pessoas mostram que elas se preocupam com as outras? As pessoas mostram que elas se importam com os outros quando elas compartilham com eles. Elas também mostram que se importam quando passam tempo com eles. Na nossa lição hoje, Jesus mostrou que ele se importava através de seus atos de compaixão. Ele curou o enfermo e alimentou os que tinham fome.

No meio dos estresses da vida, Jesus vem a nós com o seu amor e compaixão. Jesus nos alcança assim como ele alcançou Pedro. Jesus se importa com cada um de nós e ele quer o melhor para as nossas vidas. Ele quer que confiemos nele.

VERSÍCULO PARA MEMORIZAÇÃO

Pratique o versículo para memorização do estudo. Você encontrará sugestões de Atividades para Memorização dos Versículos nas páginas 140-141.

ATIVIDADES ADICIONAIS

Escolha qualquer uma dessas opções para incrementar o estudo bíblico das crianças.

1. A turma toda deve fazer uma pesquisa sobre o mar da Galileia. Qual era a sua importância nos tempos de Jesus? Qual é a sua importância hoje?

2. Pedro seguiu Jesus na água. Com a turma toda, pesquisem outras situações que mostram esse lado impetuoso de Pedro. Algumas passagens sugeridas são Mateus 16:13-20; 26:31-35, 50-51; e João 13:6-8. Como é que o tempo de Pedro com Jesus mudou a vida de Pedro?

PERGUNTAS PARA COMPETIÇÃO BÁSICA

Para preparar as crianças para competição, leia Mateus 14:1-36 para elas.

1 **O que Herodes fez com João Batista?** (14:1, 3)
1. Ele prendeu e bateu em João.
2. Ele discutiu com João sobre Herodias.
3. **Ele prendeu e amarrou João, colocando-o na prisão.**

2 **O que a filha de Herodias fez para Herodes em seu aniversário?** (14:6)
1. Ela cantou para ele.
2. **Ela dançou para ele.**
3. Ela cozinhou para ele.

3 **Por que Herodes aceitou dar para a filha de Herodias a cabeça de João Batista em um prato?** (14:9)
1. **Por causa do juramento e dos convidados**
2. Porque ele estava feliz em se livrar de João
3. Porque ele amava a filha de Herodias

4 **O que aconteceu quando Jesus viu que uma multidão o seguiu para o lugar deserto?** (14:14)
1. Ele teve compaixão deles.
2. Ele curou os seus doentes.
3. **As duas respostas estão corretas.**

5 **Ao cair da tarde, o que os discípulos falaram para Jesus fazer?** (14:15)
1. **"Manda embora a multidão para comprar comida."**
2. "Alimente a multidão com cinco pães e dois peixes."
3. As duas respostas estão corretas.

6 **O que Jesus fez antes de partir os pães?** (14:19)
1. Ele mostrou os pães para a multidão.
2. **Ele olhou para o céu e deu graças.**
3. As duas respostas estão corretas.

7 Quantas pessoas comeram os cinco pães e dois peixes? (14:21)

1. 5.000 pessoas
2. **5.000 homens além das mulheres e crianças**
3. Os discípulos de Jesus e algumas mulheres e crianças

8 Quando Jesus andou sobre as águas, o que Pedro pediu a Jesus para fazer? (14:28)

1. "Mostre-me como andar sobre as águas."
2. "Entre no barco e nos salve."
3. **"Manda-me ir ao teu encontro sobre as águas."**

9 Quando Pedro viu o vento, o que aconteceu? (14:30)

1. **Ele teve medo e começou a afundar.**
2. Ele tentou voar com o vento.
3. Ele gritou: "Senhor, estou afundando!"

10 Quando Jesus chegou em Genesaré, o que as pessoas fizeram? (14:35-36)

1. Elas trouxeram seus doentes e os deixaram com Jesus.
2. **Elas suplicaram que Jesus deixasse seus doentes pelo menos tocar na borda do seu manto.**
3. As duas respostas estão corretas.

PERGUNTAS PARA COMPETIÇÃO AVANÇADA

Para preparar as crianças para a competição, leia Mateus 14:1-36 para elas.

1 Por que Herodes não matou João Batista quando ele teve vontade de fazer isso da primeira vez? (14:5)

1. **Ele tinha medo do povo que pensava que João era um profeta.**
2. Ele queria uma oportunidade para falar com João.
3. Ele queria esperar pelo melhor momento.
4. Secretamente, ele gostava da pregação de João.

2 O que a filha de Herodias pediu a Herodes? (14:8)

1. Para ser a rainha de Herodes
2. Para casar com João Batista
3. Por ouro e jóias para ela
4. **Pela cabeça de João Batista em um prato**

3 Para quem a filha de Herodias levou a cabeça de João Batista? (14:11)

1. Herodes
2. Os discípulos de João
3. **Sua mãe**
4. Jesus

4 Quanta comida os discípulos tinham? (14:17)

1. **Cinco pães e dois peixes**
2. Dois pães e cinco peixes
3. Quatro pães e três peixes
4. Sete pães e três peixes

5 O que Jesus fez antes de partir os pães? (14:19)

1. Ele ordenou que a multidão se sentasse na grama.
2. Ele olhou para o céu.
3. Ele deu graças.
4. **Todas as alternativas acima**

6 Depois que Jesus alimentou os 5.000, o que mais Ele fez? (14:23)

1. Ele entrou no barco para ir ao outro lado do mar.
2. Ele foi mais para o deserto para orar.
3. **Ele subiu um monte sozinho para orar.**
4. Ele foi para a cidade mais próxima para dormir.

7 O que Jesus disse para seus discípulos amedrontados que o viram andar sobre as águas? (14:27)

1. **"Coragem! Sou eu. Não tenham medo."**
2. "Não tenham medo. Venham para a água comigo."
3. "Coragem! Esses ventos se dissiparam em breve."
4. Todas as alternativas acima

8 Por que Pedro começou a afundar quando ele foi ao encontro de Jesus nas águas? (14:30)

1. Ele viu um fantasma.
2. **Ele reparou o vento e teve medo.**
3. Os discípulos gritaram com ele.
4. Ele não viu Jesus.

9 O que as pessoas de Genesaré fizeram quando Jesus chegou ali? (14:34-35)

1. Eles reconheceram Jesus.
2. Eles espalharam a notícia em toda aquela região.
3. Eles trouxeram os seus doentes para Jesus.
4. **Todas as alternativas acima**

10 Complete o versículo: "Entregue suas preocupações ao Senhor,..." (Salmo 55:22)

1. "...e ele te segurará; ele nunca deixará o justo em falta."
2. **"...e ele o susterá; jamais permitirá que o justo venha a cair."**
3. "...e ele o libertará; ele nunca deixará um justo perder a batalha."
4. "...e ele o responderá; você é mais importante para ele do que o ouro."

Versículo para Memorização

"Simão Pedro respondeu: 'Tu és o Cristo, o Filho do Deus vivo'" (Mateus 16:16).

Verdade Bíblica

Jesus abençoa aqueles que acreditam que ele é o Filho de Deus.

Foco

Nessa lição, as crianças aprenderão que Jesus é verdadeiramente o Filho de Deus.

Dica de Ensino

Dedique um tempo para pesquisar as passagens desse estudo para ter certeza de que você as entende. Essas passagens são difíceis para as crianças entenderem. Ao mesmo tempo, são passagens muito importantes para ajudar a todos entenderem a divindade de Jesus.

ESTUDO 11

Mateus 15:21-28; 16:13-28; 17:1-9

COMENTÁRIO BÍBLICO

Essa lição foca na identidade de Jesus como Filho de Deus. Na primeira passagem, uma mulher chamou Jesus de "Filho de Davi—um título usado para o Messias prometido. Essa passagem confunde um pouco as pessoas. Jesus se referiu aos gentios quando ele falou dos cachorrinhos e dos judeus quando ele falou dos filhos. A declaração de Jesus quer dizer: "Não é certo compartilhar o evangelho com os não-judeus antes de ensinar aos judeus". Apesar da mulher ser gentia, ela tinha fé em Jesus. Ela entendia quem ele era mais do que muitos dos judeus. Por causa dessa fé, Jesus a abençoou com um milagre.

Na segunda passagem, Jesus pediu para os seus discípulos contarem para ele quem as pessoas pensavam que Jesus era. Muitas pessoas diziam que Jesus era um profeta. Entretanto, Pedro disse que Jesus era o Messias, o "Filho do Deus Vivo". Esse entendimento mais profundo da identidade de Jesus trouxe bênção e preparou os discípulos para ouvirem mais sobre a missão de Jesus.

Finalmente, a Transfiguração deu mais evidência da divindade de Jesus. A aparência de Jesus mudou. Jesus estava em estado glorificado.

CARACTERÍSTICAS DE DEUS

- Jesus é o Cristo.
- Jesus é o Filho de Deus.

PALAVRAS DA NOSSA FÉ

Confessar é admitir ou reconhecer alguma coisa. Por exemplo, você admite diante de Deus que você fez algo de errado. Ou reconhece que Cristo é o Senhor.

Cristo vem do grego: christos, que quer dizer "o ungido" e tem um significado parecido ao significado do messias hebraico.

PESSOAS

Filho de Davi é outro nome para Jesus. Esse nome é o título que os judeus deram para o Messias.

Jeremias foi um profeta que advertiu as pessoas de Judá para se arrependerem e voltarem para Deus.

Elias era um famoso profeta de Israel.

LUGARES

Cesareia de Filipe era uma cidade ao norte do Mar da Galileia, próximo ao Monte Hermom.

Mt. Hermom foi o lugar onde provavelmente aconteceu a transfiguração de Jesus. Era a cerca de 16 quilômetros ao norte de Cesareia de Filipe.

OUTROS TERMOS

"Negar a si mesmo" é um compromisso para não viver egoistamente.

"Tomar a sua cruz" é um forte compromisso para seguir a Jesus, até com risco de morte.

A Transfiguração é o evento onde três discípulos viram Jesus na sua glorificação. A aparência de Jesus mudou e seu rosto brilhou. De dentro de uma nuvem, Deus disse aos discípulos que Jesus era Seu Filho.

ATIVIDADE

Você precisará do seguinte item para essa atividade.

· Uma bola leve

Instrua as crianças a ficarem de pé em um círculo. A professora falará: "Eu sou (o nome da professora). Quem você diz que eu sou?" Então, a professora jogará a bola para uma criança do outro lado do círculo. A criança que agarrar a bola deve responder quem ela diria que a professora é. Por exemplo, a criança pode dizer: "Você é a minha professora." Depois, a criança repete a pergunta dizendo: "Eu sou (o nome da criança). Quem você diz que eu sou?" A criança joga a bola para outra criança no círculo que responderá quem ela é. Faça a brincadeira até que toda criança tenha tido a oportunidade de falar.

Diga: **Na lição de hoje, vamos ouvir a pergunta: "Quem você diz que eu sou?" feita por Jesus. Vocês descobrirão o que os discípulos disseram. Quem vocês dizem que Jesus é?**

LIÇÃO BÍBLICA

Prepare a história a seguir, adaptada de Mateus 15:21-28; 16:13-28; 17:1-9 antes de contá-la para as crianças.

Jesus saiu da região de Tiro e Sidom. Ali, uma mulher cananeia gritava: "Senhor, Filho de Davi, tem misericórdia de mim! Minha filha está endemoninhada e está sofrendo muito."

Jesus não respondeu. Então os discípulos disseram: "Manda-a embora."

Jesus respondeu: "Eu fui enviado apenas às ovelhas perdidas de Israel."

A mulher continuou a clamar a Jesus. Então, Jesus disse: "Grande é a sua fé! Seja conforme você deseja."

Quando Jesus chegou à região de Cesareia de Filipe, ele perguntou aos seus discípulos: "Quem os outros dizem que o Filho do homem é?"

Eles responderam: "João Batista, Elias ou outro profeta."

Jesus perguntou aos seus discípulos: "Quem vocês dizem que eu sou?" Simão Pedro respondeu: "Tu és o Cristo, o Filho do Deus vivo".

Respondeu Jesus: "Feliz é você, Simão. Porque isto não lhe foi revelado por homens, mas pelo meu Pai que está nos céus. Você é Pedro e sobre esta pedra edificarei a minha igreja".

Jesus começou a explicar para os seus discípulos que ele teria que ir a Jerusalém, sofrer e ser morto e ressuscitar no terceiro dia.

Pedro disse: "Isso nunca te acontecerá!"

Jesus respondeu: "Você não pensa nas coisas de Deus, mas nas dos homens".

Depois, Jesus disse aos seus discípulos: "Se alguém quiser acompanhar-me, negue-se a si mesmo, tome a sua cruz e siga-me. Pois, que adiantará ao homem ganhar o mundo inteiro e perder a sua alma?"

Jesus levou Pedro, Tiago e João a um alto de um monte. Ali ele foi transfigurado diante deles. Sua face brilhou como o sol, e suas roupas se tornaram brancas como a luz. Moisés e Elias apareceram diante deles. Eles falaram com Jesus.

Pedro queria fazer três tendas — uma para Jesus, uma para Moisés e uma para Elias. Nesse momento, uma nuvem resplan-decente os envolveu. Uma voz das nuvens dizia: "Este é o meu Filho amado em quem me agrado. Ouçam-no!"

Os discípulos caíram com o rosto em terra e ficaram aterrorizados.

Jesus lhes disse para não contarem a ninguém o que haviam visto até que o Filho do homem tivesse ressuscitado dos mortos.

Motive as crianças a responderem as seguintes perguntas. Não há respostas certas ou erradas. Essas perguntas ajudarão as crianças a entenderem a história e aplicá-la em suas vidas.

1. As cidades de Tiro e Sidom eram longe da Galileia. Como vocês acham que a mulher ouviu sobre o poder de Jesus?

2. Se você fosse a mulher, como você responderia às declarações de Jesus em 15:24, 26?

3. Como você acha que Simão Pedro se sentiu quando Jesus o chamou de Pedro e lhe explicou o porquê de chamá-lo assim?

4. Por que será que Jesus levou somente três discípulos com ele para a montanha?

Diga: O que você faria se você contasse para alguém quem são os seus pais e essa pessoa não acreditasse em você? Como você provaria que você é realmente filho de seus pais? Como você apontaria as similaridades na aparência e/ou na maneira como vocês agem? Como você pediria a sua mãe ou pai para falarem para essa pessoa que você está dizendo a verdade?

Jesus fez todas essas coisas também. Jesus curou muitas pessoas e multiplicou um pouquinho de comida para alimentar milhares de pessoas. Jesus perdoou os pecados das pessoas e os discípulos até ouviram o próprio Deus Pai dizer que Jesus era seu Filho. Deus nos disse para ouvirmos Jesus, pois ele é o Filho de Deus.

VERSÍCULO PARA MEMORIZAÇÃO

Pratique o versículo para memorização do estudo. Você encontrará sugestões de Atividades para Memorização dos Versículos nas páginas 140-141.

ATIVIDADES ADICIONAIS

Escolha qualquer uma dessas opções para incrementar o estudo bíblico das crianças.

1. Faça uma pesquisa sobre os três discípulos que Jesus levou ao monte com ele. Pesquise histórias sobre Pedro, Tiago e João nos outros três Evangelhos e no livro de Atos. Quais papéis eles tiveram em cada história?

2. Peça para um convidado especial preparar um monólogo da perspectiva de Pedro sobre os eventos nas passagens bíblicas desse estudo. Dê aos alunos a oportunidade de fazerem perguntas a "Pedro".

PERGUNTAS PARA COMPETIÇÃO BÁSICA

Para preparar as crianças para competição, leia Mateus 15:21-28; 16:13-28; 17:1-9 para elas.

1 Por que Jesus não ajudou de primeira a mulher cananeia? (15:24)

1. **Ela não era de Israel.**
2. Curar a sua filha é muito difícil para Jesus.
3. Ela não tinha fé suficiente.

2 Por que Jesus curou a filha da mulher? (15:28)

1. Ela o ameaçou.
2. **Ela tinha muita fé.**
3. Ela era amiga de um dos discípulos.

3 Qual foi a primeira pergunta que Jesus fez aos seus discípulos em Cesareia de Filipe? (16:13)

1. "O que João Batista pensa sobre mim?"
2. "Por que Herodes não gosta de mim?"
3. **"Quem os outros dizem que o Filho do homem é?"**

4 Quem algumas pessoas pensaram que Jesus era? (16:14)

1. João Batista
2. Elias ou Jeremias
3. **As duas respostas estão corretas.**

5 Como Pedro respondeu quando Jesus perguntou: "Quem vocês dizem que sou?" (16:15-16)

1. **"Tu és o Cristo, o Filho do Deus vivo".**
2. "Tu és um grande mestre e profeta".
3. As duas respostas estão corretas.

6 De quem Jesus disse que Pedro tirou a resposta para a pergunta: "Quem vocês dizem que eu sou?" (16:15-17)

1. Dos outros discípulos
2. Da sua sogra
3. **Do seu Pai que está nos céus**

7 O que Jesus disse aos discípulos que uma pessoa que quiser acompanhá-lo deve fazer? (16:24)

1. "Ela deve ir a um outro país."
2. "Ela deve tornar-se um mestre."
3. **"Ela deve negar-se a si mesmo e tomar a sua cruz."**

8 O que aconteceu na montanha quando Jesus passou pela transfiguração? (17:2-3)

1. A face de Jesus brilhou como o sol.
2. Moisés e Elias apareceram.
3. **As duas respostas estão corretas.**

9 O que Pedro queria fazer por Jesus, Elias e Moisés? (17:4)

1. Fazer três tendas para: Tiago, João e para ele mesmo
2. **Fazer três tendas para: Jesus, Elias e Moisés**
3. Fazer uma tenda para cobrir a todos

10 O que Jesus disse para Pedro, Tiago e João depois que uma voz das nuvens falou com eles? (17:6-7, 9)

1. "Levantem-se! Não tenham medo!"
2. "Não contem a ninguém o que vocês viram."
3. **As duas respostas estão corretas.**

PERGUNTAS PARA COMPETIÇÃO AVANÇADA

Para preparar as crianças para a competição, leia Mateus 15:21-28; 16:13-28; 17:1-9 para elas.

1 Por que a mulher cananeia gritava para Jesus? (15:22)

1. Ela estava com fome e queria comida.
2. **Sua filha sofria de possessão demoníaca.**
3. Ela tentava conseguir alguma bênção de Jesus.
4. Todas as alternativas acima.

2 O que Jesus perguntou aos discípulos quando eles chegaram na região de Cesareia de Filipe? (16:13)

1. "Vocês me seguirão aconteça o que acontecer?"
2. **"Quem os outros dizem que o Filho do homem é?"**
3. "Quando o Filho de Deus aparecerá?"
4. "Quem é o Messias?"

3 O que Pedro disse quando Jesus perguntou: "Quem vocês dizem que eu sou?" (16:15-16)

1. **"Tu és o Cristo, o Filho do Deus vivo."**
2. "Tu és um grande profeta."
3. "Tu és Elias."
4. "Tu és o filho de José e Maria."

4 Depois que os discípulos reconheceram que Jesus era o Cristo, o que Jesus disse que aconteceria com ele? (16:21)

1. Ele iria para Jerusalém sofrer muitas coisas.
2. Ele seria morto.
3. Depois que esse morresse, ele ressuscitaria no terceiro dia.
4. **Todas as alternativas acima.**

5 **Por que Pedro era uma pedra de tropeço?** (16:23)

1. Pedro era covarde.

2. **Pedro pensava nas coisas dos homens e não nas coisas de Deus.**

3. Pedro sempre quis ser o primeiro.

4. Pedro nunca seguia os ensinamentos de Jesus.

6 **O que acontecerá com a pessoa que perder a sua vida por Jesus?** (16:25)

1. Ela receberá poder.

2. Ela ficará famosa.

3. Ela morrerá.

4. **Ela a encontrará.**

7 **O que aconteceu quando Jesus levou somente Pedro, Tiago e João a um alto monte?** (17:1-2)

1. "Ele foi transfigurado diante deles."

2. "Sua face brilhou como o sol."

3. "Suas roupas ficaram brancas como a luz."

4. **Todas as alternativas acima.**

8 **Quem apareceu com Jesus durante a sua transfiguração?** (17:3)

1. Abraão e Sara

2. Gideão e Débora

3. **Moisés e Elias**

4. Josué e Isaías

9 **O que aconteceu quando Pedro falou sobre fazer três tendas?** (17:4-5)

1. **Uma voz das nuvens disse: "Este é o meu filho amado em quem me agrado. Ouçam-no!"**

2. Tiago e João começaram a fazer tendas.

3. Pedro se encontrou com Elias e Moisés.

4. Moisés e Elias desapareceram.

10 **Complete o versículo: "Simão Pedro respondeu: 'Tu és o Cristo, ...'"** (Mateus 16:16)

1. "'. . . meu Redentor e amigo.'"

2. **"'. . . o Filho do Deus vivo.'"**

3. "'. . . nosso mestre e profeta.'"

4. "'. . . aquele que nos guia.'"

Versículo para Memorização

"Então disse Jesus: 'Deixem vir a mim as crianças e não as impeçam; pois o Reino dos céus pertence aos que são semelhantes a elas'" (Mateus 19:14).

Verdade Bíblica

Jesus perdoa as pessoas e mostra que se preocupa com elas. Nós devemos fazer a mesma coisa.

Foco

Essa lição ajudará as crianças a aprenderem que devemos nos preocupar com as pessoas, porque Jesus se preocupa conosco.

Dica de Ensino

Ao liderar o estudo bíblico, explique que precisamos viver uma vida de entrega a Deus. O nosso tesouro está no céu e não na terra.

Mateus 18:10-14, 21-35; 19:13-30

COMENTÁRIO BÍBLICO

Nessa lição, aprendemos sobre a preocupação de Jesus com os outros. Na primeira passagem, Jesus contou uma parábola sobre o pastor que deixou suas 99 ovelhas para encontrar aquela que estava perdida. Nessa história, os "pequeninos" se referem a cristãos que têm se afastado da fé em Deus. Deus faz de tudo para salvar aqueles que se perdem. Nós devemos, como cristãos, ter essa mesma preocupação e devemos nos alegrar quando outros cristãos retornam à fé em Deus.

Na próxima passagem, Jesus e Pedro conversam sobre perdão. Os judeus consideravam que era suficiente perdoar alguém três vezes. Pedro, um judeu, sugeriu que era suficiente perdoar sete vezes. Pedro deve ter ficado chocado quando disse que devemos perdoar alguém 70 vezes 7. Jesus ensinou aos discípulos como é importante perdoar os outros, porque Jesus nos perdoou.

A terceira e a quarta passagem lidam com pessoas que estavam em pontos opostos na hierarquia social. As crianças estavam bem baixo na hierarquia. Jesus queria que os discípulos valorizassem as crianças e tivessem fé como de uma criança nas questões espirituais.

O homem rico estava bem no topo da hierarquia social por causa da sua riqueza. Entretanto, ele não tinha a bênção mais importante—ele não sabia como conseguir a vida eterna.

A nossa posição social não significa nada para Jesus. O que é importante é ter um coração como o de Jesus.

CARACTERÍSTICAS DE DEUS

- Deus busca as pessoas que não o buscam.
- Deus perdoa os nossos pecados e quer que façamos a mesma coisa pelas outras pessoas.

PALAVRAS DE NOSSA FÉ

Vida eterna é o tipo de vida especial que Deus dá àqueles que recebem Jesus como seu Salvador. Aqueles que crêem em Jesus terão vida eterna para todo o sempre no céu.

COISAS

Um **talento** era uma quantia de dinheiro, cerca de 34 kg de metal, provavelmente prata.

Um **denário** era uma moeda que geralmente correspondia ao salário de um dia de trabalho.

Repreender é falar duramente para alguém não fazer alguma coisa.

ATIVIDADE

Você precisará dos seguintes itens para essa atividade:

- Pequenos cartões ou pedaços de papel
- Uma ovelha de brinquedo ou de papel

Antes da aula, crie algumas pistas para as crianças encontrarem a ovelha perdida. Escreva uma pista que levará a outra pista, até que a última pista leve até a ovelha perdida. Esconda as pistas em outros lugares da igreja se for possível. Leve a primeira pista com você para a classe.

Diga: **Nós vamos ler uma parábola de Jesus sobre uma ovelha perdida. Hoje encontraremos a ovelha perdida. Aqui está uma pista que nos ajudará.**

A turma toda deve seguir as pistas diferentes. Deixe que as crianças descubram as pistas. Não lhes dê as respostas. Quando encontrarem a ovelha, podem voltar para a sala.

Diga: **Hoje nós encontramos uma ovelha perdida. Agora leremos uma parábola sobre um homem que encontrou uma ovelha perdida.**

LIÇÃO BÍBLICA

Prepare a história a seguir, adaptada de Mateus 18:10-14, 21-35; 19:13-30, antes de contá-la para as crianças.

Jesus contou muitas parábolas para as pessoas ao seu redor.

Jesus disse: "Não desprezem os pequeninos. Os anjos deles estão sempre vendo a face de Deus".

Jesus contou uma parábola do pastor e suas ovelhas. "Um homem tinha cem ovelhas e uma delas se perdeu. Ele deixou as outras noventa e nove e foi procurar a que se perdeu. Quando ele encontrou a ovelha, ele ficou mais contente com aquela ovelha do que com as outras noventa e nove que não se perderam. Da mesma forma, Deus não quer que ninguém se perca no pecado".

Jesus falou com Pedro sobre perdão. Pedro disse a Jesus: "Senhor, quantas vezes deverei perdoar o meu irmão quando ele pecar contra mim? Sete vezes é suficiente?"

Jesus disse: "Sete vezes não, setenta vezes sete".

Então, Jesus contou uma parábola sobre perdão. "O Reino dos céus é como um rei. Ele desejava receber dinheiro das pessoas que o deviam. Ele trouxe à sua presença um servo que lhe devia uma enorme quantidade de prata, cerca de 10.000 talentos.

O servo não tinha como pagar essa dívida. O rei ordenou que sua família deveria ir para a prisão até que esse servo pagasse a sua dívida. O servo prostrou-se diante do rei e disse: 'Tenha paciência comigo e eu te pagarei tudo'. O rei teve compaixão desse homem, então ele cancelou a dívida e liberou o servo.

"Mais tarde, esse servo encontrou um de seus conservos que o devia cem denários. O primeiro servo agarrou o conservo e começou a sufocá-lo. Ele disse: 'Pague-me o que me deve!'

O conservo disse: 'Tenha paciência comigo e eu lhe pagarei'. Entretanto, o primeiro servo não aceitou. Ele mandou colocarem o seu conservo na prisão. Quando os outros servos viram o que aconteceu, eles contaram tudo ao seu senhor.

Então o senhor chamou o servo e disse: 'Servo mau. Eu cancelei a sua dívida. Você devia ter tido misericórdia do seu conservo.' O senhor estava com raiva e mandou o servo mau para a prisão. Ele foi torturado até que pagasse toda a sua dívida. É assim que Deus fará com vocês se não perdoarem de coração o seu irmão".

Algumas pessoas levaram crianças para Jesus, para que Jesus pudesse orar por elas. Os discípulos repreendiam quem trazia as crianças. Entretanto, Jesus disse: "Deixem vir a mim as crianças. O Reino dos céus pertence a pessoas como elas."

Um homem chegou a Jesus e perguntou: "Que farei de bom para ter a vida eterna?"

Jesus disse: "Se você quer entrar na vida, obedeça aos mandamentos".

O homem disse: "Eu já tenho obedecido aos mandamentos. O que me falta ainda?"

Jesus disse: "Venda os seus bens e dê o dinheiro aos pobres. Assim, você terá um tesouro nos céus". O jovem afastou-se e estava triste, porque era extremamente rico.

Jesus disse: "É muito difícil para um rico entrar no Reino dos céus".

Os discípulos disseram: "Neste caso, quem pode ser salvo?"

Jesus disse: "Para o homem é impossível, mas para Deus todas as coisas são possíveis".

Pedro perguntou: "Nós deixamos tudo para seguir-te! O que receberemos?"

Jesus disse: "Todos que tiverem deixado suas famílias e suas casas receberão uma recompensa cem vezes maior e herdarão a vida eterna. Muitos primeiros serão os últimos, e muitos últimos serão os primeiros".

Motive as crianças a responderem as seguintes perguntas. Não há respostas certas ou erradas. Essas perguntas ajudarão as crianças a entenderem a história e aplicá-la em suas vidas.

1. Você já perdeu alguma coisa de valor? O que você fez para encontrar o que estava perdido? Como você se sentiu quando encontrou? Por que o pastor valorizava tanto a ovelha perdida?

2. Como o servo mal se sentiu quando o rei perdoou a sua dívida? Como o rei se sentiu quando ele viu o que o servo mau havia feito? Alguém já lhe perdoou por alguma coisa errada que você fez?

3. O jovem rico ficou triste, porque ele não queria abrir mão de sua riqueza. Que tipo de coisa as pessoas acham difícil de abrir mão para Deus?

Diga: Você já brigou para ser o primeiro ou discutiu sobre de quem era a vez para fazer alguma coisa? Muitas vezes olhamos somente para as nossas próprias necessidades. Jesus mostrou preocupação com as necessidades dos outros. Jesus convidou as crianças para ficarem em volta dele, mesmo quando os discípulos protestaram. Jesus tem um coração de amor para com todos e ele oferece perdão a todos. Você ama os outros e oferece perdão aos outros?

VERSÍCULO PARA MEMORIZAÇÃO

Você encontrará sugestões de Atividades para Memorização dos Versículos nas páginas 140-141.

ATIVIDADES ADICIONAIS

Escolha qualquer uma dessas opções para incrementar o estudo bíblico das crianças.

1. Com a turma toda, façam uma peça sobre a parábola da ovelha perdida. Escolha alunos para serem as ovelhas no monte e um aluno para ser a ovelha perdida. A ovelha perdida vai se esconder e o pastor vai procurá-la.

2. Jesus disse para o jovem rico vender suas posses, dá aos pobres e seguí-lo. A turma deve fazer uma lista das coisas que as pessoas têm que podem prejudicar o relacionamento delas com Deus. Quais seriam algumas formas de superar esses empecilhos?

PERGUNTAS PARA COMPETIÇÃO BÁSICA

Para preparar as crianças para competição, leia Mateus 18:10-14, 21-35; 19:13-30 para elas.

1 **De acordo com a parábola de Jesus, quantas ovelhas o homem tinha?** (18:12)
   1. **100**
   2. 500
   3. 1000

2 **O que o homem fez quando ele percebeu que havia perdido uma ovelha?** (18:12)
   1. Ele esqueceu da ovelha perdida.
   2. **Ele foi procurar a ovelha.**
   3. Ele mandou alguém procurar a ovelha.

3 **Que pergunta Pedro fez a Jesus sobre perdão?** (18:21)
   1. "Eu preciso perdoar?"
   2. "Quem precisa de perdão?"
   3. **"Quantas vezes deverei perdoar?"**

4 **Quanto o primeiro servo devia ao rei?** (18:23-24)
   1. **Uma enorme quantidade de prata (10.000 talentos)**
   2. 1.000 talentos
   3. 10 talentos

5 **O que o rei fez quando o servo lhe pediu para ter paciência?** (18:26-27)
   1. O rei teve compaixão do servo.
   2. O rei cancelou a dívida e deixou o servo ir.
   3. **As duas respostas estão corretas.**

6 **O que o primeiro servo fez com um conservo que lhe devia dinheiro?** (18:30)
   1. **Ele mandou que o conservo lhe pagasse.**
   2. Ele perdoou o conservo.
   3. As duas respostas estão corretas.

7 O que o rei fez quando ele soube o que o primeiro servo havia feito? (18:32-34)

    1. Ele o deixou ir.

    2. Ele o chamou de servo mau e o entregou a torturadores.

    3. Ele lhe disse que ele havia feito a coisa certa.

8 O que Jesus disse aos discípulos sobre as crianças? (19:14)

    1. "Deixem vir a mim as crianças."

    2. "O Reino dos céus pertence aos que são semelhantes a elas."

    3. As duas respostas estão corretas.

9 O que Jesus disse ao homem que perguntou: "Que farei de bom para ter a vida eterna?" (19:17)

    1. "Obedeça aos mandamentos."

    2. "Estude a Bíblia."

    3. "Vá a sinagoga toda semana."

10 Quem disse: "Para o homem é impossível, mas para Deus todas as coisas são possíveis"? (19:26)

    1. Pedro

    2. Jesus

    3. O jovem rico

PERGUNTAS PARA COMPETIÇÃO AVANÇADA

Para preparar as crianças para a competição, leia Mateus 18:10-14, 21-35; 19:13-30 para elas.

1 Quem sempre vê a face do Pai celeste? (18:10)

    1. Os anjos dos pequeninos

    2. Ninguém

    3. Aqueles que perdoam os outros

    4. Todos

2 O que Jesus disse que era o significado da parábola da ovelha perdida? (18:14)

    1. "É sua culpa se você se perder."

    2. "É fácil se perder na floresta."

    3. "O Pai que está nos céus não quer que nenhum desses pequeninos se perca."

    4. "Fique com o rebanho. Não se perca."

3 Quantas vezes Jesus disse para perdoar? (18:22)

    1. 3 vezes

    2. 7 vezes

    3. 70 vezes 7

    4. 700 vezes

4 O que o primeiro servo fez quando o rei lhe disse para pagar a sua dívida? (18:25-26)

    1. Ele pagou a dívida de um conservo.

    2. Ele fugiu.

    3. Ele pagou a sua dívida.

    4. Ele implorou para que o rei tivesse paciência.

5 Quanto o conservo devia ao primeiro servo? (18:28)

1. 100 denários
2. 1.000 denários
3. 1.000 talentos
4. 10.000 talentos

6 O que os outros servos fizeram quando eles viram o que o primeiro servo havia feito com o seu conservo? (18:31)

1. Eles falaram para o primeiro servo que ele havia feito a coisa certa.
2. Eles contaram ao seu senhor o que tinha acontecido.
3. Eles não fizeram nada.
4. Eles juntaram dinheiro para o servo.

7 O que Jesus disse para os discípulos quando eles repreenderam as pessoas que lhe trouxeram as crianças? (19:13-14)

1. "Deixem vir a mim as crianças."
2. "Não as impeçam."
3. "O Reino dos céus pertence aos que são semelhantes a elas."
4. Todas as alternativas acima.

8 O que Jesus fez quando as crianças vieram até ele? (19:13-15)

1. Ele abençoou cada família.
2. Ele impôs suas mãos sobre elas e orou por elas.
3. Ele as batizou.
4. Ela as mandou embora.

9 O que o jovem moço fez quando Jesus lhe disse o que ele deveria fazer para ter a vida eterna? (19:22)

1. Ele tornou-se discípulo de Jesus.
2. Ele afastou-se triste, porque tinha muitas riquezas.
3. Ele vendeu tudo o que tinha e deu o dinheiro aos pobres.
4. Ele perguntou por que Deus tinha tantas regras.

10 Complete o versículo: "Então disse Jesus: 'Deixem vir a mim as crianças e não...'" (19:14)

1. "'...as impeçam; pois o Reino dos céus pertence aos que são semelhantes a elas.'"
2. "'...as castigue severamente.'"
3. "'...deixem elas fugirem de mim.'"
4. "'...deixem que elas se desviem.'"

Versículo para Memorização

"Respondeu Jesus: 'Ame o Senhor, o seu Deus de todo o seu coração, de toda a sua alma e de todo o seu entendimento'. Este é o primeiro e maior mandamento. E o segundo é semelhante a ele: 'Ame o seu próximo como a si mesmo'" (Mateus 22:37-39).

Verdade Bíblica

Jesus, nosso Salvador e Rei, é digno de nosso louvor, nossa obediência e nosso amor.

Foco

Nessa lição, as crianças aprenderão que Jesus disse que o maior mandamento é amar o Senhor nosso Deus completamente. O segundo maior mandamento é amar o nosso próximo como a nós mesmos.

Dica de Ensino

Veja a Lição 2 para ter uma definição de fariseu e saduceu.

Mateus 21:1-17; 22:34-40

COMENTÁRIO BÍBLICO

Quando Jesus entrou em Jerusalém em um jumentinho, a multidão reconheceu essa ação como um sinal de que Jesus era o rei que eles esperavam. Entrar numa cidade dessa maneira era uma prática comum para os reis nos tempos do Antigo Testamento. Ao reconhecer isso, as pessoas chamaram Jesus de "Filho de Davi." Esse era outro nome para o Messias. As pessoas estavam certas de chamar Jesus de rei. Entretanto, elas esperavam que ele fosse um rei terreno. Elas acharam que ele derrotaria seus inimigos políticos. Elas não sabiam que ele sofreria a crucificação pelos seus pecados.

Quando Jesus entrou no Templo, ele estava com raiva, porque as pessoas fizeram um mercado no local de adoração. Elas vendiam animais para os sacrifícios e trocavam dinheiro pelas ofertas do templo. Essas barracas e serviços eram necessários. Entretanto, a localização deles e as práticas de negócios desonestos de algumas pessoas mostravam desrespeito ao templo e às pessoas que estavam ali para adorar. Quando Jesus agiu, as pessoas viram a sua autoridade. Os chefes dos sacerdotes viram isso como um desafio a autoridade deles.

Nos tempos bíblicos, não era raro as pessoas religiosas argumentarem sobre os mandamentos que seriam mais importantes. Jesus disse que o mandamento mais importante era amar a Deus com tudo o que você é. O segundo é amar o próximo; esse amor flui do amor por Deus.

CARACTERÍSTICAS DE DEUS

- Jesus é digno de nosso louvor.
- Deus quer que o amemos e que amemos os outros.

LUGARES

O **Monte das Oliveiras** é uma montanha ao leste de Jerusalém que tem 823 metros de altura. De seu topo, há uma grande vista de Jerusalém e do templo.

Um **templo** é um prédio para adoração de um deus ou deuses. O Templo de Jerusalém era um lugar onde os judeus adoravam a Deus.

Betânia era uma vila a cerca de 3,3 quilômetros ao leste de Jerusalém, próxima do Monte das Oliveiras

COISAS

Um **manto** é uma capa que fica solta sobre a roupa.

ATIVIDADE

Você precisará dos seguintes itens para essa atividade:

• Um grande pedaço de papel
• Algumas canetinhas

Antes da aula, escreva a palavra "Hosana", em letras grandes, em um grande pedaço de papel.

Durante a aula, aponte para a palavra "Hosana" e diga: **Hoje aprenderemos sobre um dia que as pessoas gritaram "Hosana!" para Jesus. O que você acha que "Hosana" significa?** (Significa "Salve!" Também é uma exclamação de louvor.) De quais maneiras podemos mostrar o nosso louvor a Jesus?

Motive as crianças a desenharem algumas coisas ou escreverem algumas palavras em volta das letras grandes. Os desenhos ou as palavras devem expressar algumas maneiras com as quais as crianças louvarão a Jesus. Mostre o cartaz para a classe.

LIÇÃO BÍBLICA

Prepare a história a seguir, adaptada de Mateus 21:1-17; 22:34-40 antes de contá-la para as crianças.

Quando Jesus e seus discípulos se aproximaram de Jerusalém, eles chegaram a Betfagé no monte das Oliveiras. Jesus enviou na sua frente dois discípulos.

Jesus disse aos dois discípulos: "Vão ao povoado que está adiante de vocês; logo encontrarão uma jumenta amarrada, com um jumentinho ao lado. Desamarrem-nos e tragam-nos para mim. Se alguém lhes perguntar algo, digam-lhe que o Senhor precisa deles." Tudo isso aconteceu para que se cumprisse as palavras do profeta que dizia: "Eis que o seu rei vem a você, humilde e montado num jumento."

Os discípulos trouxeram a jumenta e o jumentinho. Os discípulos colocaram os mantos neles. Uma grande multidão estendeu seus mantos pelo caminho, enquanto outros cortavam ramos de árvores e os espalhavam pelo caminho.

A multidão gritava: "Hosana ao Filho de Davi!" "Bendito é o que vem em nome do Senhor!" "Hosana nas alturas!"

Quando Jesus entrou em Jerusalém, toda a cidade perguntava: "Quem é este?"

A multidão respondia: "Esse é Jesus, o profeta de Nazaré da Galileia."

Então, Jesus entrou no templo. Ele expulsou todos os que ali estavam comprando e vendendo. Derrubou as mesas dos cambistas e as cadeiras dos que vendiam pombas. Jesus disse: "A minha casa será chamada casa de oração, mas vocês estão fazendo dela um 'covil de ladrões!"

Jesus curou os cegos e os mancos que se aproximaram dele no templo. Os chefes dos sacerdotes e os mestres da lei viram as coisas maravilhosas que Jesus fazia. Eles ouviram as crianças gritando "Hosana ao Filho de Davi" e ficaram indignados.

"Não estás ouvindo o que estas crianças estão dizendo?", eles perguntaram a Jesus.

"Sim", Jesus respondeu, "vocês nunca leram: 'dos lábios das crianças e dos recém-nascidos suscitaste louvor'?"

Então, Jesus partiu e foi para Betânia.

Os fariseus tentaram testar Jesus. Um perito na lei perguntou: "Mestre, qual é o maior mandamento da Lei?"

Jesus respondeu: "'Ame o Senhor, o seu Deus de todo o seu coração, de toda a sua alma e de todo o seu entendimento'. Este é o primeiro e maior mandamento. E o segundo é semelhante a ele: 'Ame o seu próximo como a si mesmo.' Destes dois mandamentos dependem toda a Lei e os Profetas."

Motive as crianças a responderem as seguintes perguntas. Não há respostas certas ou erradas. Essas perguntas ajudarão as crianças a entenderem a história e aplicá-la em suas vidas.

1. **Por que Jesus disse para os discípulos irem a outra cidade para encontrarem um jumento para ele usar?**

2. **Que tipo de louvor as pessoas deram a Jesus? Que tipo de louvor você daria a Jesus?**

3. **O que os cambistas fizeram que Jesus não gostou?**

4. **Você acha que os fariseus sabiam qual era o maior dos mandamentos? Se eles sabiam, por que perguntaram a Jesus qual era?**

5. **Quais foram os dois mandamentos que Jesus entregou em Mateus 22:37-39? Por que é importante para você obedecer a esses mandamentos?**

Diga: **Jesus não fez nada da maneira que os judeus esperavam o Rei dos reis. Ele entrou na cidade em um jumento. Os homens, as mulheres e as crianças o louvaram. Jesus não agiu de maneira grandiosa ou gloriosa, mas ele tinha autoridade de Deus. Jesus era digno do louvor deles. Jesus mostrou como deveríamos amar a Deus com todo o nosso ser. Ele também nos mostrou como podemos amar os outros como a nós mesmos. Devemos seguir o seu exemplo. Devemos amar, obedecer e adorar a Deus.**

VERSÍCULO PARA MEMORIZAÇÃO

Pratique o versículo para memorização do estudo. Você encontrará sugestões de Atividades para Memorização dos Versículos nas páginas 140-141.

ATIVIDADES ADICIONAIS

Escolha qualquer uma dessas opções para incrementar o estudo bíblico das crianças.

1. Nos tempos bíblicos, os reis deveriam entrar triunfantemente em suas cidades depois de ganhar uma batalha. Pesquise o que acontecia nessas "Entradas Triunfais". Compare e contraste o que você encontrar com essa Entrada Triunfal de Jesus. Qual é o simbolismo da ação das pessoas que colocaram seus mantos e ramos pelo caminho?

2. Imagine que Jesus entrou na sua cidade. Que tipo de coisas as pessoas diriam sobre ele? Como a sua cidade o receberia? Que tipo de louvor você o daria? Desenhe um mapa da rota que Jesus seguiria se ele che-

gasse na sua cidade. Faça uma faixa para anunciar sua chegada. Depois, agradeça a Deus por ter enviado Jesus para nos salvar.

PERGUNTAS PARA COMPETIÇÃO BÁSICA

Para preparar as crianças para competição, leia Mateus 21:1-17; 22:34-40 para elas.

1 **O que Jesus pediu para dois discípulos fazerem quando eles chegaram em Betfagé?** (21:1-2)

  1. "Vão ao povoado, encontrem uma jumenta e um jumentinho e tragam-nos para mim."

  2. "Encontrem um lugar para passarmos a noite."

  3. "Vão adiante de mim para verificar se Herodes nos prenderá."

2 **O que os discípulos deveriam dizer se qualquer pessoa lhes dissesse qualquer coisa sobre a jumenta e o jumentinho?** (21:3)

  1. "Esses animais são nossos."

  2. "O Senhor precisa deles."

  3. "Podemos levar os jumentos?"

3 **O que a profecia do Antigo Testamento dizia sobre os discípulos, a jumenta e o jumentinho?** (21:2-5)

  1. "Eis que o seu rei vem a você."

  2. Ele é "humilde" e está "montado num jumentinho."

  3. As duas respostas estão corretas.

4 **O que a multidão fez quando Jesus entrou em Jerusalém?** (21:8-9)

  1. Eles estenderam seus mantos pelo caminho.

  2. Eles gritavam: "Hosana ao Filho de Davi!"

  3. As duas respostas estão corretas.

5 **O que as pessoas vendiam na área do templo?** (21:12)

  1. Pombas

  2. Incenso

  3. Pergaminhos

6 **O que Jesus fez na área do templo depois que ele entrou em Jerusalém?** (21:12)

  1. Ele expulsou todos os que ali estavam comprando e vendendo.

  2. Ele derrubou as mesas dos cambistas.

  3. As duas respostas estão corretas.

7 **O que Jesus disse que as pessoas haviam feito com a casa de oração?** (21:13)

  1. Um covil de ladrões

  2. Um lugar de adoração

  3. Um mercado

8 **O que Jesus fez depois que ele expulsou as pessoas que compravam e vendiam no templo?** (21:12, 14)

  1. Ele levou uma oferta para o altar.

  2. Ele curou os que se aproximaram dele.

  3. Ele foi para Nazaré.

9 **Quem testou Jesus com a pergunta sobre o maior mandamento?** (22:35-36)

1. Um dos discípulos
2. **Um perito na Lei**
3. O rei Herodes

10 **Qual Jesus disse que era o segundo maior mandamento?** (22:39)

1. "Não tomarás o nome do teu Deus em vão."
2. **"Ame o seu próximo como a si mesmo."**
3. "Honra teu pai e tua mãe."

PERGUNTAS PARA COMPETIÇÃO AVANÇADA

Para preparar as crianças para a competição, leia Mateus 21:1-17; 22:34-40 para elas.

1 **O que Jesus fez em Betfagé?** (21:1-2)

1. Ele orou e jejuou.
2. **Ele enviou dois discípulos para encontrarem uma jumenta e um jumentinho.**
3. Ele curou os enfermos.
4. Ele contou a parábola do servo impiedoso.

2 **O que os discípulos fizeram com os jumentos?** (21:7)

1. Eles os levaram de volta a Nazaré.
2. Eles montaram neles em Jerusalém.
3. **Eles colocaram seus mantos nos jumentos para Jesus montar.**
4. Eles os venderam para pagar o imposto no templo.

3 **O que a grande multidão fez quando Jesus entrou em Jerusalém?** (21:8-9)

1. **Eles espalharam seus mantos e ramos de árvores no caminho.**
2. Eles jogaram pedras nele.
3. Eles saíram da cidade.
4. Todas as alternativas acima.

4 **Quando Jesus entrou em Jerusalém, como a multidão respondeu à pergunta: "Quem é este?"?** (21:11)

1. "Jesus, o filho de Maria e José"
2. "O Messias"
3. **"Jesus, o profeta de Nazaré da Galileia"**
4. "O novo rei de Jerusalém"

5 **O que Jesus disse quando ele derrubou as mesas dos cambistas e das pessoas que vendiam pombas?** (21:13)

1. **"A minha casa será chamada casa de oração; mas vocês estão fazendo dela um covil de ladrões.'"**
2. "Todos os que se aproveitam dos inocentes morrerão!"
3. "O dia do julgamento chegou."
4. Todas as alternativas acima.

6 O que Jesus fez quando os mancos e os cegos aproximaram-se dele no templo? (21:14)

1. Ele os levou para o sumo sacerdote.
2. Ele pediu para que eles trouxessem o sacrifício.
3. **Ele os curou.**
4. Ele lhes disse para se banharem no rio Jordão.

7 O que as crianças gritavam na área do templo? (21:15)

1. **"Hosana ao Filho de Davi."**
2. "Glória a Deus nas alturas."
3. "O Príncipe da Paz chegou."
4. "O Santíssimo chegou."

8 O que Jesus disse quando os chefes dos sacerdotes e mestres da lei lhe perguntaram sobre os gritos das crianças? (21:16)

1. "Deixem as crianças em paz."
2. **"Vocês nunca leram: 'Dos lábios das crianças e dos recém-nascidos suscitaste louvor'?"**
3. "As crianças são os profetas daquele que veio."
4. "As crianças são a voz de Deus."

9 O que Jesus disse que era o maior mandamento da Lei? (22:37-38)

1. **"Ame o Senhor, o seu Deus, de todo o coração, de toda a sua alma e de todo o seu entendimento."**
2. "Lembrai-vos do Sábado e o santificai."
3. "Não terás outros deuses diante do seu Deus."
4. "Não use de qualquer maneira o nome do Senhor seu Deus."

10 De acordo com Jesus, o que depende dos dois grandes mandamentos? (22:40)

1. O Sermão da Montanha
2. A Lei de Ouro
3. **A Lei e os Profetas**
4. As bem-aventuranças

Versículo para Memorização

"'Devido ao aumento da maldade, o amor de muitos esfriará, mas aquele que perseverar até o fim será salvo'" (Mateus 24:12-13).

Verdade Bíblica

Jesus voltará. Seus seguidores se preparam para esse evento.

Foco

Essa lição ajudará as crianças a aprenderem o que precisamos fazer para nos prepararmos para a volta de Jesus.

Dica de Ensino

Ao liderar o estudo bíblico, lembre as crianças que se elas seguirem a Deus, elas não precisam ter medo do futuro. Deus quer que seus seguidores tenham fé nele.

ESTUDO 14

Mateus 24:36-42; 25:1-30

COMENTÁRIO BÍBLICO

Somente Deus Pai sabe quando Jesus voltará. Embora isso possa aborrecer algumas pessoas, é um lembrete de que temos que seguir os mandamentos de Deus. Essas duas parábolas nos dão uma ideia de como devemos viver quando Jesus voltar.

Cerimônias de casamento eram importantes na sociedade judaica. Um casamento exigia que o noivo se encontrasse primeiro com o pai da noiva. Depois, a mulher não casada levaria o noivo com uma candeia até a sua casa para o banquete nupcial. Na parábola, todas as dez virgens caíram no sono enquanto esperavam pelo noivo. Quando o noivo chegou, somente cinco virgens estavam preparadas. Por causa disso, somente as cinco virgens acompanharam o noivo para a festa. O noivo trancou a porta e as outras virgens não puderam entrar.

A segunda parábola é uma ilustração de Deus e seu relacionamento com cada um de nós. Um talento era uma pequena fortuna. O mestre deu diferentes quantias de dinheiro para servos diferentes. A cada servo ele deu uma quantia que era equivalente à habilidade do servo. O servo que não queria arriscar perder o seu talento, não fez nada com ele. No final das contas, esse servo perdeu tudo.

Dessas parábolas, percebemos que é importante nos prepararmos para a volta de Cristo. Também entendemos que Deus quer que usemos os nossos talentos para serví-lo e para edificarmos o seu reino.

CARACTERÍSTICAS DE DEUS

- Deus sabe quando Jesus voltará e ele quer nos preparar para a sua volta.
- Deus nos prepara para fazer o seu trabalho.

PALAVRAS DA NOSSA FÉ

A **Segunda Vinda** é quando Jesus voltará a terra. Jesus reinará e não terá nenhum mal.

PESSOAS

As **dez virgens** eram jovens moças que eram amigas ou parentes da noiva ou do noivo.

O **noivo** era o homem que casaria com a noiva na cerimônia de casamento.

OUTROS TERMOS DO NOVO TESTAMENTO

Candeias eram vasos de barro com bicos. As pessoas colocavam o óleo nesses vasos e um pavio no bico.

Preparar a candeia significava cortar a parte queimada do pavio.

Juros são o dinheiro extra que você ganha sobre o dinheiro que depositou no banco.

ATIVIDADE

Você precisará dos seguintes itens para essa atividade:

- Alguns pratinhos de papel, um para cada criança que brincar. Se você não tiver pratinhos de papel, use qualquer objeto que você tenha vários idênticos.
- Um adesivo ou canetinha

Antes da aula começar, marque embaixo de um dos pratinhos com o adesivo ou a canetinha. Coloque-os onde as crianças possam vê-los. Dê a cada criança um número. Comece com um e conte na sequência até que cada criança tenha um número.

Diga: **Hoje leremos uma parábola sobre um casamento. Algumas pessoas do casamento trouxeram candeias, tipos de lâmpadas, que não tinha óleo suficiente. Nessa atividade, esses pratos representam as candeias que você pode levar para o casamento. Uma dessas candeias não tem óleo suficiente. Essa candeia está marcada embaixo.**

Vocês receberam um número. Em ordem numérica, escolham cada um, uma candeia. Quando todos tiverem selecionado uma candeia, vamos verificar qual é a candeia sem óleo. Essa pessoa sai da brincadeira.

Depois de identificar a candeia sem óleo, remova um dos pratos sem marcação. Misture os pratos que sobrarem. As crianças que ainda estiverem brincando escolhem outro prato. Entretanto, dessa vez comece do último para o primeiro número. A criança com o maior número escolherá o primeiro prato. Continue na ordem decrescente até que todas as crianças tenham escolhido um prato. Alterne a ordem numérica em cada rodada, até que sobre somente uma criança. Essa criança vence a brincadeira.

Diga: **Quando você escolheu uma candeia que não tinha óleo, você não pôde continuar na brincadeira. Hoje ouviremos sobre uma parábola que Jesus contou sobre umas pessoas que não trouxeram óleo suficiente para as suas candeias. Vamos descobrir o que aconteceu com elas.**

LIÇÃO BÍBLICA

Prepare a história a seguir, adaptada de Mateus 24:36-42; 25:1-30, antes de contá-la para as crianças.

Jesus pregava para os seus discípulos. Ele disse: Ninguém sabe quando o dia será. Somente o Pai. Como foi nos dias de Noé,

assim também será na vinda do Filho do homem. Nos dias anteriores ao dilúvio, o povo comia, bebia e continuava a sua vida. Eles não perceberam nada do Dilúvio, até que ele veio e levou a todos. Assim acontecerá na vinda do Filho do Homem. Portanto, vigiem, porque vocês não sabem em que dia virá o seu Senhor.

"O Reino dos céus será, pois, semelhante a dez virgens que pegaram as suas candeias para encontrar com o noivo. Cinco delas eram prudentes e levaram óleo extra para as suas candeias. Cinco delas eram insensatas e não levaram óleo. O noivo demorou a chegar, e as virgens pegaram no sono e dormiram.

"À meia-noite, virgens se encontraram com o noivo. Elas acordaram e prepararam as suas candeias. As insensatas não tinham mais óleo, então pediram um pouco emprestado das virgens prudentes. Mas as prudentes responderam: 'Não, pois pode ser que não haja o suficiente para nós e para vocês. Vão comprar óleo para vocês.'

"Enquanto elas saíram para comprar o óleo, o noivo chegou. As virgens que estavam preparadas entraram com ele para o banquete nupcial e ele fechou a porta. As outras virgens voltaram com o seu óleo. Elas disseram: 'Deixe-nos entrar! Abra a porta para nós!'

"Mas ele respondeu: 'A verdade é que não as conheço.'"

Jesus disse: "Portanto, vigiem, pois vocês não sabem o dia nem a hora!"

Jesus disse outra parábola. "Um homem saiu de viagem. Ele confiou seus bens aos seus servos. O primeiro servo recebeu cinco talentos. O segundo servo recebeu dois talentos. O último servo recebeu somente um talento. O primeiro servo aplicou o dinheiro e ele ganhou mais cinco talentos. O segundo servo também aplicou o dinheiro e ganhou mais dois talentos. O homem que recebeu somente um talento cavou um buraco e o escondeu no chão.

"O senhor deles voltou e perguntou sobre o dinheiro que havia dado aos servos. O servo que recebeu cinco talentos trouxe mais cinco. O mestre disse: 'Muito bem, servo bom e fiel! Você foi fiel no pouco que eu te dei. Agora eu o porei sobre o muito'.

"O segundo servo trouxe os dois talentos, mais os dois talentos adicionais que ele ganhou. O Senhor respondeu: 'Muito bem, servo bom e fiel! Você foi fiel no pouco, eu o porei sobre o muito. Venha e participe da alegria do seu senhor.'

O terceiro servo disse: 'Senhor, tive medo de você. Por isso, escondi o seu talento no chão. Aqui está o seu dinheiro.'

O senhor respondeu: 'Servo mau e negligente! Você devia ter confiado o meu dinheiro aos banqueiros para que eu recebesse juros pelo meu dinheiro. Vou tirar o seu talento e dar ao que tem dez. Pois a quem tem, mais será dado, e terá em grande quantidade. Lancem fora esse servo, nas trevas.'"

Motive as crianças a responderem as seguintes perguntas. Não há respostas certas ou erradas. Essas perguntas ajudarão as crianças a entenderem a história e aplicá-la em suas vidas.

1. As cinco virgens insensatas não puderam participar do banquete. Como será que elas se sentiram com essa exclusão?

2. Muitas pessoas tentaram prever quando Jesus voltaria. Por que as pessoas sentem a necessidade de prever esse evento?

3. Por que o servo com um talento estava com medo do seu senhor? Você já fez alguma coisa, pois estava com medo de uma pessoa?

Diga: **Você já ajudou seus pais a prepararem a casa para uma visita? Que tipo de tarefa você teve? A casa estava pronta quando a visita chegou? Quando Jesus deixou essa terra, ele prometeu que voltaria. Ele foi preparar um lugar para nós. Não sabemos quando ele voltará. Entretanto, Jesus voltará para levar aos céus aqueles que pedirem perdão por seus pecados e decidirem segui-lo. Jesus nos desafia a obedecê-lo e a estarmos preparados para a sua vinda. Como podemos nos preparar para a segunda vinda de Jesus?**

VERSÍCULO PARA MEMORIZAÇÃO

Pratique o versículo para memorização do estudo. Você encontrará sugestões de Atividades para Memorização dos Versículos nas páginas 140-141.

ATIVIDADES ADICIONAIS

Escolha qualquer uma dessas opções para incrementar o estudo bíblico das crianças.

Com toda a turma junta, converse sobre a Parábola dos Talentos. Mesmo que o talento da história seja dinheiro, converse sobre como usamos os nossos dons e talentos. Como podemos usar os nossos talentos para glorificar a Deus?

Com toda a turma, pesquise como as pessoas usavam as candeias nos tempos de Jesus. Deixe cada criança desenhar uma candeia.

PERGUNTAS PARA COMPETIÇÃO BÁSICA

Para preparar as crianças para competição, leia Mateus 24:36-42; 25:1-30 para elas.

1 Jesus disse que ninguém sabia quando o Senhor viria. O que deveríamos fazer? (24:42)
1. **Vigiar.**
2. Nada, só esperar.
3. As duas respostas estão corretas.

2 Por que as dez virgens pegaram suas candeias e saíram? (25:1)
1. Para ver o que aconteceria
2. **Para encontrar-se com o noivo**
3. Para encontrar a família do noivo

3 Por que cinco das virgens eram prudentes? (25:4)
1. **Pois levaram óleo em vasilhas com suas candeias.**
2. Elas sabiam exatamente quando o noivo chegaria.
3. As duas respostas estão corretas.

4 Como as virgens prudentes responderam às insensatas quando estas lhes pediram óleo? (25:9)
1. "Pode ser que não haja o suficiente para nós e para vocês."
2. "Vão comprar óleo para vocês."
3. **As duas respostas estão corretas.**

5 O que aconteceu quando as virgens insensatas foram comprar o óleo? (25:10)

1. As virgens prudentes ficaram sem óleo.
2. **O noivo chegou.**
3. As virgens prudentes caíram no sono.

6 O que o homem com um talento fez com o seu dinheiro? (25:18)

1. Ele ganhou mais um talento.
2. Ele colocou o seu dinheiro no banco.
3. **Ele cavou um buraco e escondeu o dinheiro.**

7 Quando o senhor voltou, o que o homem que recebeu cinco talentos disse? (25:20)

1. "Me desculpe. Eu gastei o seu dinheiro."
2. **"Veja, eu ganhei mais cinco."**
3. "Eu coloquei o seu dinheiro no banco."

8 O que o senhor disse ao servo que ganhou mais cinco talentos? (25:21)

1. "Muito bem, servo bom e fiel!"
2. "Você foi fiel no pouco; eu o porei sobre o muito. Venha e participe da alegria do seu senhor!"
3. **As duas respostas estão corretas.**

9 O que o senhor disse para o homem que ganhou mais dois talentos? (25:23)

1. **"Venha e participe da alegria do seu senhor!"**
2. "Você deveria distribuir seus talentos."
3. "Venha e participe de um banquete de honra!"

10 O que o senhor disse ao homem que escondeu seu talento no chão? (25:26-27)

1. "Servo mau e negligente!"
2. "Você deveria ter confiado o meu dinheiro aos banqueiros."
3. **As duas respostas estão corretas.**

PERGUNTAS PARA COMPETIÇÃO AVANÇADA

Para preparar as crianças para a competição, leia Mateus 24:36-42; 25:1-30 para elas.

1 Quem sabe o dia e a hora da segunda vinda de Cristo? (24:36)

1. Os anjos
2. **O Pai**
3. Os pastores
4. Jesus

2 Por que precisamos vigiar? (24:42)

1. **Ninguém sabe o dia em que virá o seu Senhor.**
2. As pessoas podem tentar roubar a sua casa.
3. Você pode ter um acidente.
4. Há muitas tarefas que devemos realizar.

3 O que as virgens fizeram, pois o noivo estava demorando para chegar? (25:5)

1. Elas procuraram o noivo.
2. Elas se mantiveram acordadas.
3. Elas procuraram alguma coisa para fazer.
4. **Elas adormeceram.**

4 **O que se ouviu à meia-noite?** (25:6)

1. "Acordem! O noivo está quase aqui."
2. **"O noivo se aproxima! Saiam para encontrá-lo!"**
3. "Acendam suas candeias!"
4. "Vão comprar óleo agora! O noivo está vindo."

5 **O que as virgens fizeram quando ouviram o grito à meia-noite?** (25:6-7)

1. Todas elas continuaram a dormir.
2. As virgens prudentes acordaram as virgens insensatas.
3. **Elas acordaram e prepararam as suas candeias.**
4. As virgens prudentes acordaram e as virgens insensatas dormiram.

6 **O que aconteceu quando as virgens insensatas foram comprar óleo?** (25:10)

1. O noivo chegou.
2. As virgens que estavam preparadas entraram com ele para o banquete nupcial.
3. A porta foi fechada.
4. **Todas as alternativas acima.**

7 **Quantos talentos de dinheiro o senhor deu aos seus servos?** (25:15)

1. **Para um servo ele deu cinco talentos. Para o outro ele deu dois talentos e o último servo recebeu um talento.**
2. Ele deu 10 talentos para um servo e cindo talentos para cada um dos outros dois servos.
3. Ele deu 10 talentos para cada servo.
4. Ele deu 5 talentos para cada servo.

8 **O que o homem com cinco talentos e o homem com dois talentos fizeram com o dinheiro?** (25:16-17)

1. Eles deram seus talentos para as pessoas que não tinham dinheiro.
2. **O homem com cinco talentos ganhou mais cinco talentos e o homem com dois talentos ganhou mais dois talentos.**
3. Eles deram seus talentos para o homem com um talento.
4. Eles não fizeram nada com os seus talentos.

9 **O que o senhor fez com o talento que o servo havia enterrado no chão?** (25:25, 28)

1. Ele deu para o homem com dois talentos.
2. Ele colocou no banco.
3. **Ele deu para o homem com 10 talentos.**
4. Ele deu para o seu filho.

10 **Complete o versículo: "'Devido ao aumento da maldade, o amor de muitos esfriará, mas..."** (Mateus 24:12-13)

1. **"...aquele que perseverar até o fim será salvo."**
2. "...Deus punirá aqueles que fizerem o mal."
3. "...eles não saberão o que fazer."
4. "...Deus continuará fiel."

"Nele temos a redenção por meio de seu sangue, o perdão dos pecados, de acordo com as riquezas da graça de Deus" (Efésios 1:7).

Verdade Bíblica

Conscientemente, Jesus se preparou para dar a sua vida a todas as pessoas.

Foco

Nessa lição as crianças aprenderão que Jesus deu novo significado ao pão e ao cálice.

Dica de Ensino

Ajude as crianças a entenderem o significado de cada evento que aconteceu. Leia o Comentário Bíblico e faça pesquisa adicional para ter informação extra.

Estudo 15

Mateus 26:1-30

COMENTÁRIO BÍBLICO

Com a aproximação do momento da morte de Jesus, ele tentou preparar os seus discípulos. Jesus disse especificamente que ele passaria pela crucificação nos dias da celebração da Páscoa. Não sabemos o que os discípulos pensavam sobre isso. Ao invés disso, vemos as ações dos chefes dos sacerdotes que verificavam o que Jesus dizia. Jesus declarou o que iria acontecer antes dos chefes dos sacerdotes completarem os seus planos.

Também aprendemos sobre uma mulher que ungiu Jesus com perfume. Essa era uma prática comum, colocar um pouco de óleo no corpo que iria ser enterrado. Jesus, entretanto, em outra tentativa de revelar aos seus discípulos sobre o seu momento de crucificação, elogiou a mulher e as suas ações. Jesus disse que a sua atitude o preparou para a Cruz.

Em resumo, a Crucificação era parte do plano para Jesus. Não foi um erro nem o pegou de surpresa. Não era uma morte sem escapatória, embora os líderes dos judeus e os romanos tenham forçado isso sobre ele.

Jesus tinha um claro entendimento do significado de sua morte e como ela se encaixava no plano de salvação. A morte sacrificial de Jesus trouxe o sacrifício da Páscoa—o sangue do cordeiro—ao seu total cumprimento. A refeição da Páscoa também simbolizava a salvação de Deus. Jesus usou a refeição para mostrar que ele era o cumprimento da vontade de Deus.

CARACTERÍSTICAS DE DEUS

• Jesus se preparou para entregar a sua vida para todas as pessoas.

- Jesus nos ensinou a lembrar dele quando participarmos da Santa Ceia.

PALAVRAS DE NOSSA FÉ

Uma **aliança** é um acordo entre Deus e seu povo. Tanto Deus quanto as pessoas fazem promessas umas as outras. As **alianças** de Deus nos oferecem um relacionamento de amor com ele.

PESSOAS

O **sumo sacerdote** era o líder espiritual do povo judeu.

Caifás era o sumo sacerdote que planejou prender Jesus e que pediu a morte de Jesus.

Rabi é a palavra judaica usada para mestre.

LUGARES

O **Monte das Oliveiras** era uma área florestada parecida com um parque onde as pessoas iam para escapar da cidade, do calor e das multidões de Jerusalém.

OUTROS TERMOS

Páscoa judaica era uma festa que os judeus celebravam a libertação da escravidão que Deus deu aos israelitas no Egito.

Alabastro é uma pedra branca ou de cor bem clara. As pessoas usam essa pedra para fazer lindos vasos e pequenas caixas.

LIÇÃO BÍBLICA

Prepare a história a seguir, adaptada de Mateus 26:1-30 antes de contá-la para as crianças.

Jesus disse aos seus discípulos: "Estamos a dois dias da Páscoa, e o Filho do homem será entregue para ser crucificado."

Os chefes dos sacerdotes e os líderes religiosos se reuniram no palácio de Caifás, o sumo sacerdote. Eles planejaram prender Jesus e matá-lo. "Mas não durante a festa, para que não haja tumulto entre o povo."

Jesus estava em Betânia, na casa de Simão, o leproso. Aproximou-se dele uma mulher com um frasco de alabastro contendo um perfume muito caro. Os discípulos disseram: "Esse perfume poderia ser vendido por alto preço e poderíamos dar o dinheiro aos pobres."

Jesus disse: "Essa mulher praticou uma boa ação para comigo. Quando ela derramou esse perfume sobre o meu corpo, ela o fez a fim de me preparar para o meu sepultamento. Em qualquer lugar do mundo inteiro onde esse evangelho for anunciado, o que ela fez será contado."

Judas Iscariotes, um dos doze discípulos, encontrou-se com os chefes dos sacerdotes. Ele perguntou: "O que me darão se eu entregar Jesus a vocês?"

Os chefes dos sacerdotes deram a Judas trinta moedas de prata. Judas passou a procurar uma oportunidade de entregar Jesus aos chefes dos sacerdotes.

No primeiro dia da festa dos pães sem fermento, os discípulos perguntaram a Jesus onde ele queria que eles preparassem a refeição da Páscoa.

Jesus respondeu: "Entrem na cidade e procurem um certo homem e lhe digam: 'O Mestre diz que vai celebrar a Páscoa com seus discípulos na sua casa.'" Os discípulos fizeram isso e prepararam a refeição da Páscoa.

Naquela noite, Jesus estava à mesa com os doze discípulos. Ele disse: "Um de vocês me trairá."

Eles ficaram muito tristes e começaram a dizer-lhe, um após o outro: "Com certeza não sou eu, Senhor!"

Judas perguntou: "Com certeza não sou eu, Mestre?"

Jesus respondeu: "Sim, é você."

Jesus tomou o pão, deu graças, partiu-o e o deu aos seus discípulos. Ele disse: "Tomem e comam; isto é o meu corpo."

Em seguida tomou o cálice, deu graças e ofereceu aos discípulos. Ele disse: "Bebam dele todos vocês. Isto é o meu sangue da aliança, que é derramado em favor de muitos para perdão dos pecados."

Eles cantaram um hino e foram para o Monte das Oliveiras.

Motive as crianças a responderem as seguintes perguntas. Não há respostas certas ou erradas. Essas perguntas ajudarão as crianças a entenderem a história e aplicá-la em suas vidas.

1. Como será que os discípulos se sentiram quando Jesus lhes disse que ele passaria pela crucificação e que a mulher o preparou para o seu sepultamento? Explique a sua resposta.

2. Você acha que os discípulos estavam errados por terem se aborrecido quando a mulher derramou o perfume sobre a cabeça de Jesus? Por que ou por que não?

3. Qual(is) seria(m) a(s) razão(ões) para Judas trair Jesus? Algum amigo já lhe traiu?

4. Imagine que você fosse um discípulo na refeição da Páscoa. Como você se sentiria quando Jesus lhe dissesse que um discípulo o trairia? Como será que Judas se sentiu quando ele percebeu que Jesus sabia que o traidor era ele mesmo?

Diga: **Ao se aproximar o momento da morte de Jesus, ele celebrou a Páscoa com** os seus discípulos. Enquanto eles comiam, Jesus tomou o pão e o partiu. Jesus deu o pão aos discípulos explicando que esse pão representava o seu corpo. Jesus tomou o cálice e deu a eles. Jesus disse que o vinho representava o seu sangue dado pelo perdão dos pecados de todas as pessoas.

Hoje chamamos essa refeição de Ceia do Senhor ou Comunhão. Os cristãos participam da Santa Ceia para lembrar do sofrimento e da morte de Jesus na cruz. Quando você tomar Santa Ceia, pense no que Jesus fez por você. Nós recebemos perdão pelos nossos pecados, porque Jesus deu a sua vida.

ATIVIDADE

Diga: **Hoje aprendemos sobre a Festa da Páscoa que Jesus e seus discípulos compartilharam. Durante a festa, os judeus comiam pão não levedado (sem fermento) e tomavam vinho. Isso simbolizava a época que Deus ajudou o seu povo a escapar rapidamente de Faraó (Êxodo 12). Durante a Última Ceia, Jesus deu novo significado ao pão e ao vinho. Ele disse aos seus discípulos que esses elementos representavam o seu corpo e o seu sangue. Hoje, tomamos Santa Ceia com pão e suco para lembrarmos do sacrifício de Jesus.**

Peça para o seu pastor chegar, falar sobre a Santa Ceia e responder as perguntas que as crianças possam ter.

VERSÍCULO PARA MEMORIZAÇÃO

Pratique o versículo para memorização do estudo. Você encontrará sugestões de Atividades para Memorização dos Versículos nas páginas 140-141.

ATIVIDADES ADICIONAIS

Escolha qualquer uma dessas opções para incrementar o estudo bíblico das crianças.

1. Pesquise essa prática do Novo Testamento de derramar perfume na cabeça de uma pessoa. Qual foi o significado disso? Por que isso era parte do ritual de sepultamento? Imagine que você fosse a mulher que derramou o perfume na cabeça de Jesus. Como você acha que ela se sentiu antes, durante e depois do que ela fez? Como será que ela reagiu quando Jesus disse que as pessoas ao redor do mundo saberiam o que ela fez por ele?

2. Faça uma linha do tempo com os eventos que aconteceram com Jesus nesse estudo. Escreva ou ilustre as seguintes coisas de cada situação: O que aconteceu? Como Jesus respondeu? Como será que ele se sentiu com o que ocorreu?

PERGUNTAS PARA COMPETIÇÃO BÁSICA

Para preparar as crianças para competição, leia Mateus 26:1-30 para elas.

1 De acordo com Jesus, quem seria crucificado? (26:2)
   1. **O Filho do homem**
   2. Pedro
   3. O Filho de João

2 Qual era o nome do sumo sacerdote? (26:3)
   1. José
   2. **Caifás**
   3. Pilatos

3 Em que cidade Simão, o leproso, viveu? (26:6)
   1. Belém
   2. **Betânia**
   3. Jerusalém

4 O que a mulher, na casa de Simão, o leproso, fez a Jesus? (26:6-7)
   1. **Ela derramou perfume sobre sua cabeça.**
   2. Ela se curvou, em sinal de respeito.
   3. Ela lhe deu comida para comer.

5 Como Jesus descreveu a ação da mulher que derramou perfume sobre ele? (26:10)
   1. Maldosa
   2. **Boa**
   3. Um desperdício

6 Quem Jesus disse para os discípulos que eles sempre teriam com eles? (26:11)
   1. **Os pobres**
   2. Os ricos
   3. O Filho de Deus

7 Quanto os chefes dos sacerdotes deram para Judas lhes entregar Jesus? (26:14-15)
   1. 10 moedas de ouro
   2. **30 moedas de prata**
   3. 40 moedas de cobre

8 O que Jesus disse quando ele partiu o pão na refeição da Páscoa? (26:26)

1. "Comam esse pão. Teremos uma longa noite diante de nós."
2. "Esse pão me lembra de nossos ancestrais que fugiram dos egípcios."
3. **"Tomem e comam; isto é o meu corpo."**

9 Por qual razão Jesus disse que ele derramou o seu sangue da aliança? (26:28)

1. Somente para salvar os seus discípulos
2. **Pelo perdão dos pecados**
3. Pelos pecados da sua família

10 Depois que Jesus e seus discípulos cantaram um hino na festa da Páscoa, para onde eles foram? (26:30)

1. **Ao monte das Oliveiras**
2. Ao mar da Galileia
3. À cidade de Nazaré

PERGUNTAS PARA COMPETIÇÃO AVANÇADA

Para preparar as crianças para a competição, leia Mateus 26:1-30 para elas.

1 Dois dias antes da Páscoa, o que Jesus disse aos seus discípulos que aconteceria ao Filho do homem? (26:2)

1. **Alguém o entregaria para ser crucificado.**
2. Ele seria batizado no rio Jordão.
3. Ele se tornaria rei de Jerusalém.
4. Todas as alternativas acima.

2 Por que os chefes dos sacerdotes e os líderes religiosos não queriam prender Jesus durante a festa? (26:4-5)

1. Eles poderiam ter problemas com os guardas romanos.
2. Talvez houvesse crianças na cidade.
3. Pessoas inocentes poderiam se machucar.
4. **Isso poderia causar uma rebelião com o povo.**

3 O que a mulher fez com Jesus que o preparou para o seu sepultamento? (26:7, 12)

1. Ela o cobriu com tecido caro.
2. Ela lavou os seus pés com água.
3. **Ela derramou perfume sobre a sua cabeça.**
4. Ela cortou seu cabelo.

4 Como Jesus descreveu a ação da mulher ter derramado perfume sobre ele? (26:10)

1. Maldosa
2. Confusa
3. Um desperdício
4. **Boa**

5 O que Judas fez depois de ter recebido trinta moedas de prata dos chefes dos sacerdotes? (26:15-16)

1. **Ele passou a procurar uma oportunidade para entregar Jesus aos chefes dos sacerdotes.**
2. Ele fugiu.
3. Ele foi para a casa de Simão, o leproso.
4. Ele procurou um soldado romano.

6 Quem Jesus disse que Judas trairia? (26:23-25)

1. João
2. José
3. **Jesus**
4. Pedro

7 Quando eles estavam comendo a refeição da Páscoa, o que Jesus fez com o pão? (26:26)

1. Deu graças e partiu o pão.
2. Ele deu o pão aos seus discípulos.
3. Ele disse: "Tomem e comam; isto é o meu corpo."
4. **Todas as alternativas acima.**

8 O que Jesus disse quando ele tomou o cálice, deu graças e ofereceu a eles? (26:27-28)

1. "Bebam dele todos vocês."
2. "Isto é o meu sangue da aliança."
3. "Ele é derramado em favor de muitos, para perdão dos pecados."
4. **Todas as alternativas acima.**

9 Durante qual festividade Jesus deu aos seus discípulos um novo significado para o pão e o cálice? (26:19, 26-28)

1. Bar Mitzá
2. Dia do Sacrifício
3. **Páscoa**
4. Hanukkah

10 Complete o versículo: "Nele temos a redenção por meio de seu sangue, . . ." (Efésios 1:7)

1. ". . . e recebemos salvação pela sua graça."
2. ". . . somos seus filhos e ele nos salvou."
3. **". . . o perdão dos pecados, de acordo com as riquezas da graça de Deus."**
4. ". . . quando tomamos Ceia."

"E, indo um pouco mais adiante, prostrou-se com o rosto em terra e orou: 'Meu Pai, se for possível, afasta de mim este cálice; contudo, não seja como eu quero, mas sim como tu queres.'" (Mateus 26:39).

Verdade Bíblica

Jesus sofreu, mas ele escolheu seguir a vontade de Deus para a nossa salvação.

Foco

Essa lição ensinará as crianças que mesmo quando as lutas e o sofrimento chegam, é importante seguir a vontade de Deus para nós. Deus não quer que ninguém sofra. Entretanto, o sofrimento acontece como resultado das escolhas pecaminosas da humanidade.

Dica de Ensino

Ao liderar o estudo bíblico, lembre as crianças que a vontade de Deus é mais importante que a vontade das pessoas. Jesus sabia disso e ele refletiu isso em sua oração.

ESTUDO 16

Mateus 26:31-56

COMENTÁRIO BÍBLICO

É verdade que Jesus planejava sacrificar-se para salvar a humanidade do pecado e da morte. Também é verdade que ele escolheu livremente ir a Jerusalém para cumprir com a profecia dos profetas do Antigo Testamento. Ele não fugiu. Entretanto, esse sofrimento iminente e a sua morte não foram fáceis de suportar.

Quando Jesus estava com a alma "profundamente triste, numa tristeza mortal", ele nos deu o maior exemplo de como devemos responder ao sofrimento—ele voltou-se para o Pai. Jesus honestamente disse ao Pai que ele preferia evitar a crucificação. Entretanto, ele se submeteu à vontade do Pai. Jesus sabia que o resultado do sofrimento seria bem maior do que o sofrimento em si.

Depois dessa angústia, Jesus resolveu seguir a vontade de Deus. A decisão de Jesus é bem diferente da decisão dos discípulos. Os discípulos falaram que apoiariam Jesus. Entretanto, os discípulos falharam em vigiar, orar e resistir à tentação. Os discípulos também falharam em se manterem leais a Cristo diante do perigo. Eles não buscaram sua força em Deus e suas próprias forças não eram suficientes.

Jesus era tanto humano quanto divino. Jesus conhece as nossas limitações humanas e as profundezas de nosso sofrimento. Jesus nos mostra o caminho certo a seguir. Esse caminho é seguir a direção de Deus e se submeter à vontade de Deus independente do custo. Nada é mais valioso do que manter o nosso relacionamento com Deus através da obediência.

CARACTERÍSTICAS DE DEUS

- Jesus orou pela vontade de Deus.
- Jesus escolheu seguir a vontade de Deus para a nossa salvação.

PALAVRAS DA NOSSA FÉ

A **vontade de Deus** é a redenção que Deus quer para toda a Sua criação. O Espírito Santo revela a vontade de Deus para nós ao orarmos, lermos a Bíblia e falarmos com cristãos experientes.

PESSOAS

Os **filhos de Zebedeu** eram Tiago e João.
O **Filho do homem** era um nome para Jesus.

LUGARES

Galileia era uma área ao norte da Palestina onde Jesus cresceu e pregou.
Getsêmani era o jardim no monte das Oliveiras.

COISAS

Negar significa rejeitar, repudiar ou virar às costas para alguém.
Este cálice refere-se a profunda tristeza e sofrimento que Jesus teria que enfrentar em breve.
Ser entregue significa ser traído, ser colocado em poder de alguém para ser prejudicado.
Uma **legião** era uma unidade de 6.000 soldados romanos. Doze legiões de anjos seriam um total de 72.000 anjos.

ATIVIDADE

Você precisará dos seguintes itens para essa atividade:

- Um pouco de fita ou corda

Antes da aula, crie duas linhas paralelas no chão. As linhas devem ter cerca de 5 ou 6 metros de distância. Faça linhas compridas o suficiente para que todas as crianças caibam na extensão delas. Use a fita ou a corda para marcar as linhas. Essas linhas marcam o início e o fim da caminhada que as crianças farão. Fale para as crianças se dividirem duplas. Ofereça alguma ajuda a elas se for preciso.

Diga: **Hoje aprenderemos como Deus nos ajuda quando as coisas estão difíceis. Cada par de crianças enviará uma pessoa para a linha de largada. Não é uma corrida. Não haverá vencedor. Todos vocês que estiverem na largada devem cruzar a linha de chegada. Para chegar lá, você deve pular em um pé só o caminho inteiro. Depois de terminarmos, vamos repetir essa atividade. Entretanto, da segunda vez, você pode colocar uma mão no seu companheiro e ele pode te guiar até a linha de chegada.**

Espere até que cada criança tenha passado pela linha de chegada. Diga: **Foi difícil pular em um pé só até a linha de chegada. Entretanto, foi muito mais fácil quando o seu companheiro pôde lhe apoiar. Hoje aprenderemos como Deus ajudou Jesus passar por um tempo difícil.**

LIÇÃO BÍBLICA

Prepare a história a seguir, adaptada de Mateus 26:31-56, antes de contá-la para as crianças.

Jesus disse aos seus discípulos: "Ainda essa noite vocês me abandonarão. Mas depois de ressuscitar, irei adiante de vocês para a Galileia."

Pedro disse: "Ainda que todos te abandonem, eu nunca te abandonarei."

Jesus respondeu: "Ainda esta noite, antes do galo cantar, três vezes você me negará."

Pedro disse: "Mesmo que seja preciso que eu morra contigo, nunca te negarei." Os outros discípulos disseram o mesmo.

Jesus foi com os seus discípulos para o Getsêmani. Jesus disse: "Sentem-se aqui enquanto vou ali orar." Ele levou Pedro, Tiago e João com ele. Jesus estava profundamente triste e angustiado. Ele disse aos seus discípulos: "A minha alma está profundamente triste. Fiquem aqui e orem comigo."

Jesus foi um pouco mais adiante no jardim, prostrou-se com rosto em terra e orou: "Meu Pai, se for possível, afasta de mim este cálice; contudo, não seja como eu quero, mas sim como tu queres."

Jesus voltou aos seus discípulos. Eles estavam dormindo. Jesus perguntou: "Vocês não puderam vigiar comigo nem por uma hora?"

Ele disse a Pedro: "Vigiem e orem para que não caiam em tentação. O espírito está pronto, mas a carne é fraca."

Jesus voltou a orar. Ele disse: "Meu Pai, se não for possível afastar de mim esse cálice sem que eu o beba, faça-se a tua vontade."

Quando Jesus voltou aos seus discípulos, de novo os encontrou dormindo, porque estavam extremamente cansados. Jesus os deixou novamente e foi orar pela terceira vez.

Depois, Jesus voltou aos seus discípulos. Ele lhes disse: "Vocês ainda dormem? Chegou a hora em que eu serei entregue aos pecadores. Temos que ir agora. Aí vem aquele que me trai!"

Enquanto Jesus falava, Judas chegou com uma grande multidão. Antes daquele momento, Judas havia combinado um sinal com eles. Judas lhes disse: "Aquele a quem eu saudar com um beijo é ele. Prendam-no. Judas foi imediatamente até Jesus, e ele disse: "Salve, Mestre!" Judas beijou Jesus.

Jesus disse: "Amigo, o que o traz?" Alguns homens se aproximaram e eles prenderam Jesus. Um dos discípulos pegou a espada e feriu o servo do sumo sacerdote. O discípulo cortou a sua orelha.

Jesus disse: "Guarde a espada! Pois todos os que empunham a espada, pela espada morrerão. Se eu quisesse que isso acontecesse, eu poderia chamar o meu Pai. Ele enviaria doze legiões de anjos para me defenderem. Entretanto, isso não cumpriria as escrituras."

Jesus disse à multidão: "Eu não estou liderando uma rebelião. Por que vocês vêm me prender com espadas e varas? Todos os dias eu estive ensinando no templo e vocês não me prenderam. Mas tudo isso aconteceu para que se cumprissem as Escrituras dos profetas."

Depois, os discípulos abandonaram Jesus e fugiram.

Motive as crianças a responderem as seguintes perguntas. Não há respostas certas ou erradas. Essas perguntas ajudarão as crianças a entenderem a história e aplicá-la em suas vidas.

1. Como Pedro se sentiu quando Jesus disse que Pedro o negaria Jesus? Você já defendeu um amigo mesmo quando outros não defenderam? Foi fácil ou difícil?

2. Jesus orou sinceramente para que Deus não o deixasse morrer. Você já teve que fazer alguma coisa para Deus que você não queria fazer? Como você se sentiu sobre isso?

3. Por que os discípulos fugiram depois que prenderam Jesus? Como será que Jesus se sentiu depois disso? Você já teve amigos que não te defenderam quando você precisou? Como você se sentiu?

Diga: **Qual é a vontade de Deus para mim? Essa é a pergunta que todo cristão se faz em algum momento da sua vida. Jesus não foi uma exceção. No jardim, Jesus estava extremamente triste. Ele perguntou a Deus se haveria alguma outra maneira de completar a sua missão. Então, Jesus escolheu fazer a vontade de Deus.**

Como você descobre a vontade de Deus? Leia a sua Bíblia fielmente. Ore e ouça a direção de Deus. Busque a vontade de Deus em todas as áreas de sua vida. Quando você segue a vontade de Deus, você toma as melhores decisões.

VERSÍCULO PARA MEMORIZAÇÃO

Pratique o versículo para memorização do estudo. Você encontrará sugestões de Atividades para Memorização dos Versículos nas páginas 140-141.

ATIVIDADES ADICIONAIS

Escolha qualquer uma dessas opções para incrementar o estudo bíblico das crianças.

Com a turma toda, converse sobre situações que a oração já os ajudou. Faça uma lista dessas situações. Peça para aqueles que falaram compartilharem como Deus lhes ajudou na situação.

Pesquise a Geografia de Jerusalém nos dias de Jesus. Desenhe um mapa simples para auxiliar na sua discussão. Guarde esse mapa e o use em aula para a discussão da crucificação e da ressurreição de Jesus.

PERGUNTAS PARA COMPETIÇÃO BÁSICA

Para preparar as crianças para competição, leia Mateus 26:31-56 para elas.

1 Para onde Jesus disse que iria depois que ele ressuscitasse? (26:32)
    1. Galileia
    2. Roma
    3. Jerusalém

2 Quem disse: "Mesmo que seja preciso que eu morra contigo, nunca te negarei"? (26:35)
    1. Judas
    2. João
    3. Pedro

3 Quem Jesus levou consigo quando ele foi orar no Getsêmani? (26:37)
    1. Marcos, João e Judas
    2. Pedro e os dois filhos de Zebedeu
    3. Pedro e Judas

4 Como Jesus se sentiu quando ele foi orar no Getsêmani? (26:37)
    1. Triste
    2. Angustiado
    3. As duas respostas estão corretas.

5 O que Jesus fez quando ele começou a orar no Getsêmani? (26:39)

1. **Prostrou-se com o rosto em terra.**
2. Sentou em uma pedra.
3. Ele ficou em pé.

6 Pelo quê Jesus orou a Deus quando ele orou no Getsêmani? (26:39)

1. "Se for possível, afasta de mim esse cálice."
2. "Contudo, não seja como eu quero, mas sim como tu queres."
3. **As duas respostas estão corretas.**

7 O que Jesus perguntou a Pedro quando ele encontrou os discípulos dormindo? (26:40)

1. "Por que vocês me decepcionam?"
2. **"Vocês não puderam vigiar comigo nem por uma hora?"**
3. "Vocês viram Judas?"

8 Qual foi o sinal que Judas deu para prenderem Jesus? (26:48)

1. Um aperto de mão
2. **Um beijo**
3. Um abraço

9 O que aconteceu quando os homens se aproximaram, agarraram Jesus e o prenderam? (26:50-51)

1. **Um dos que estavam com Jesus cortou a orelha do servo do sumo sacerdote.**
2. Os homens caíram mortos.
3. As duas respostas estão corretas.

10 Depois da prisão de Jesus, o que os discípulos fizeram? (26:56)

1. Eles continuaram a dormir.
2. Eles ficaram com ele até o fim.
3. **Eles o abandonaram e fugiram.**

PERGUNTAS PARA COMPETIÇÃO AVANÇADA

Para preparar as crianças para a competição, leia Mateus 26:31-56 para elas.

1 O que Jesus disse que aconteceria três vezes antes que o galo cantasse? (26:34)

1. Os fariseus prenderiam Jesus.
2. A multidão crucificaria Jesus.
3. Deus levantaria Jesus dentre os mortos.
4. **Pedro negaria Jesus.**

2 Para que Jesus foi ao Getsêmani? (26:36)

1. Para jejuar
2. **Para orar**
3. Para ficar sozinho
4. Para celebrar a Páscoa

3 O que Jesus disse para Pedro, Tiago e João quando ele orou no jardim do Getsêmani? (26:37-38)

1. "Deixem-me em paz até que eu venha a vocês."
2. "Fiquem aqui e descansem um pouco."
3. **"Fiquem aqui e vigiem comigo."**
4. "Fiquem na entrada e vigiem."

4 O que Jesus orou na primeira vez no Getsêmani? (26:39)

1. **"Meu Pai, se for possível, afasta de mim esse cálice; contudo, que não seja como eu quero, mas como tu queres."**
2. "Eu estou pronto para morrer."
3. "Pai, por favor, envie os anjos para me ajudar."
4. "Por favor, ajude os meus discípulos."

5 Quando Jesus voltou aos seus discípulos, o que ele encontrou? (26:40)

1. Um bando de ladrões ali.
2. **Seus discípulos dormindo.**
3. Uma refeição pronta, preparada por seus discípulos.
4. Uma cobra venenosa estava ali.

6 Por quanto tempo Jesus orou até que ele encontrou os seus discípulos dormindo pela primeira vez? (26:40)

1. **Uma hora**
2. Vinte minutos
3. Duas horas
4. Dez minutos

7 Quando os soldados vieram para prender Jesus, o que Jesus disse? (26:45)

1. "Eis que o Filho do homem está sendo entregue nos dedos de mentirosos."
2. "Eis que o Filho do homem está sendo entregue nos braços de leões."
3. "Eis que o Filho do homem está sendo entregue na boca de cobras."
4. **"Eis que o Filho do homem está sendo entregue nas mãos de pecadores."**

8 O que Judas fez a Jesus no Getsêmani? (26:47-49)

1. Ele orou com Jesus.
2. **Ele traiu Jesus.**
3. Ele abraçou Jesus.
4. Ele bateu em Jesus.

9 O que os homens que chegaram com Judas fizeram quando Judas beijou Jesus? (26:50)

1. Eles tentaram prender os discípulos.
2. Eles caíram no chão de medo.
3. **Eles agarraram Jesus e o prenderam.**
4. Eles fugiram.

10 Complete o versículo: ""E, indo um pouco mais adiante, prostrou-se com o rosto em terra e orou: 'Meu Pai, se for possível,..." (Mateus 26:39)

1. "...deixe-me viver para que eu veja a sua glória na terra.'"
2. "...não deixe que o sol nasça até que eu glorifique o seu nome."
3. **"...afasta de mim este cálice; contudo, não seja como eu quero, mas sim como tu queres."**
4. "...perdoe o pecado dessas pessoas."

Versículo para Memorização

"Então Jesus disse aos seus discípulos: 'Se alguém quiser acompanhar-me, negue-se a si mesmo, tome a sua cruz e siga-me.'" (Mateus 16:24).

Verdade Bíblica

Jesus permaneceu fiel ao seu Pai apesar dos outros estarem contra ele.

Foco

Nessa lição, as crianças aprenderão que quando os outros traíram, negaram e mentiram sobre Jesus, ele foi fiel para cumprir com vontade de Deus para a nossa salvação.

DICA DE ENSINO

Revise os termos chave de outros estudos. Alguns termos importantes que você pode precisar se referir são: Caifás, sumo sacerdote e Filho do homem.

Mateus 26:57—27:5

COMENTÁRIO BÍBLICO

Nessa lição, vemos um grande contraste. Jesus foi fiel a Deus em todas as coisas. Algumas pessoas que deveriam ter agido em fidelidade não foram fiéis. Os piores ofensores foram os chefes dos sacerdotes e o Sinédrio. Os chefes dos sacerdotes representavam o povo de Deus, e eles representavam Deus às pessoas.

O Sinédrio tinha os sacerdotes, os fariseus, os saduceus e certos líderes religiosos. Os romanos davam ao Sinédrio autoridade para julgarem sobre as questões civis dos judeus. Os membros do Sinédrio eram guardiões da vontade de Deus e da justiça. Mas, ao invés disso, eles estavam fazendo todo o possível para condenar Jesus. Com a desculpa de honrar a Deus, eles se revelaram inimigos de Jesus.

Uma pessoa esperaria que Judas, como um dos discípulos de Jesus, tivesse uma natureza confiável. Ao invés disso, ele participou na maldade dos chefes dos sacerdotes. Judas acabou sentindo remorso, mas ele não se arrependeu nem buscou em Deus o perdão. Ao invés disso, ele se matou em desespero.

Esperamos que Pedro e Judas mostrem uma natureza fiel. Entretanto, Pedro mentiu assim que ele se sentiu ameaçado. Mas diferente de Judas, Pedro se arrependeu de sua infidelidade.

CARACTERÍSTICAS DE DEUS

- Jesus seguiu a vontade de Deus mesmo quando os outros não ouviram.
- Jesus permaneceu fiel a Deus.

PALAVRAS DA NOSSA FÉ

Ser fiel é mostrar confiabilidade e verdade. Deus sempre é fiel. Podemos confiar nele para manter suas promessas. Deus espera que o seu povo mostre fidelidade a ele e aos outros.

PESSOAS

O **Sinédrio** era a suprema corte e o setor que fazia as leis para os judeus. O Sinédrio tinha 71 membros—os chefes dos sacerdotes, os líderes religiosos e os mestres da Lei. O sumo sacerdote era o líder desse grupo.

O **Poderoso** é outro nome para Deus.

Chefes dos Sacerdotes eram os sacerdotes que serviam nos postos mais altos do Templo. Eles faziam parte do Sinédrio.

LUGARES

O **santuário de Deus** era o templo em Jerusalém.

OUTROS TERMOS

Blasfêmia é qualquer palavra ou ação que uma pessoa usa para ofender a Deus, mostrar desrespeito a Deus ou argumentar que a pessoa é Deus.

ATIVIDADE

Você precisará dos seguintes itens para essa atividade:

• Vários itens de artesanato para fazer uma cruz (contas, couro, alfinetes, barro, madeira)

Distribua os materiais que você tem para ajudar a cada criança fazer uma pequena cruz. Mostre uma cruz de exemplo para as crianças. Explique os passos para fazer uma cruz. Se possível, motive as crianças a escreverem o versículo para memorização na cruz depois delas terminarem a cruz.

LIÇÃO BÍBLICA

Prepare a história a seguir, adaptada de Mateus 26:57—27:5 antes de contá-la para as crianças.

As pessoas que prenderam Jesus o levaram para Caifás, o sumo sacerdote. Pedro seguiu esse grupo até o pátio para observar o que aconteceria. Os chefes dos sacerdotes e o Sinédio buscavam um falso depoimento contra Jesus, porque eles queriam matá-lo. Muitas testemunhas falsas testemunharam, mas não havia evidência. Finalmente, duas pessoas vieram à frente.

Elas disseram: "Este homem disse: 'Sou capaz de destruir o santuário de Deus e reconstruí-lo em três dias.'"

O sumo sacerdote pediu para Jesus responder, mas Jesus ficou em silêncio.

O sumo sacerdote disse: "Diga-nos se você é o Cristo, o Filho de Deus."

Jesus disse: "Tu mesmo o disseste. Chegará o dia em que verás o Filho do homem assentado à direita do Poderoso."

O sumo sacerdote rasgou suas próprias roupas, e disse: "Blasfemou!"

As pessoas gritaram: "É réu de morte." Elas cuspiram no rosto de Jesus e lhe deram murros. Então, elas o ridicularizaram e disseram: "Profetize-nos, Cristo. Quem foi que lhe bateu?"

Pedro estava no pátio quando uma criada se aproximou dele e disse: "Você também estava com Jesus, o galileu."

Pedro negou. "Não sei do que você está falando", ele disse.

Quando Pedro saiu em direção à porta, outra criada disse: "Este homem estava com Jesus, o Nazareno."

Pedro negou novamente, agora com juramento. Ele disse: "Não conheço esse homem!"

Outras pessoas chegaram a Pedro e elas disseram: "Certamente você é um deles! O seu modo de falar o denuncia."

Pedro começou a se amaldiçoar e jurar: "Não conheço esse homem!"

Imediatamente um galo cantou. Pedro se lembrou das palavras de Jesus: "Antes que o galo cante, você me negará três vezes".

Pedro saiu dali e chorou amargamente.

De manhã cedo, todos os chefes dos sacerdotes e líderes religiosos tomaram a decisão de condenar Jesus à morte. Eles amarraram-no e o levaram a Pilatos, o governador.

Judas sentiu culpa. Ele devolveu as trinta moedas de prata aos chefes dos sacerdotes e aos líderes religiosos.

"Traí um inocente", ele disse.

"Que nos importa?" eles responderam.

Então, Judas jogou o dinheiro dentro do templo e saiu. Então ele enforcou-se.

Motive as crianças a responderem as seguintes perguntas. Não há respostas certas ou erradas. Essas perguntas ajudarão as crianças a entenderem a história e aplicá-la em suas vidas.

1. Por que o Sinédrio queria encontrar falsas acusações contra Jesus? Que tipo de falso depoimento vocês acham que eles queriam?

2. Caifás acreditou que Jesus era o Filho de Deus? Explique a sua resposta.

3. Por que o Sinédrio decidiu condenar Jesus à morte?

4. O que será que Pedro pensou quando ele negou Jesus? Como será que ele se sentiu depois de ter negado Jesus?

5. Quais sentimentos você acha que Judas teve antes, durante e depois de trair Jesus?

Diga: **Bons amigos são muito valorosos. Todos precisam de bons amigos. Um amigo realmente bom ficará ao seu lado quando todos lhe abandonarem. Você tem um amigo confiável para lhe ajudar?**

Jesus tinha bons amigos, seus discípulos. Jesus passou muito tempo com Pedro, Tiago e João. Mesmo assim, quando Jesus passou por um julgamento, seus amigos o deixaram. Um até negou três vezes que conhecia Jesus.

Nossos amigos podem nos decepcionar. Entretanto, Jesus é nosso amigo para sempre. Você pode confiar em Jesus, Jesus foi fiel a Deus e ele continuará fiel a você.

VERSÍCULO PARA MEMORIZAÇÃO

Pratique o versículo para memorização do estudo. Você encontrará sugestões de Atividades para Memorização dos Versículos nas páginas 140-141.

ATIVIDADES ADICIONAIS

Escolha qualquer uma dessas opções para incrementar o estudo bíblico das crianças.

1. Pesquise o sistema judiciário de seu governo. O que acontece durante um julgamento? Como o juiz considera um depoimento? Como o seus sistema se diferencia do julgamento de Jesus pelo Sinédrio?

2. Compare e contraste as vidas de Pedro e Judas. Leia as histórias de Mateus e relacione-a com cada homem. Quais traços de

caráter cada pessoa demonstrou em sua vida? O que eles tiveram em comum nas suas ações na história de hoje? Como cada pessoa lidou com a sua culpa? Faça um cartaz que mostre as suas descobertas. Leia mais em Atos para descobrir o que aconteceu com Pedro.

PERGUNTAS PARA COMPETIÇÃO BÁSICA

Para preparar as crianças para competição, leia Mateus 26:57—27:5 para elas.

1 **Para onde as pessoas levaram Jesus depois que ele foi preso?** (26:57)
1. Para Herodes
2. Para Pedro
3. **Para Caifás**

2 **Quem acompanhou à distância o que aconteceu depois da prisão de Jesus?** (26:57-58)
1. João
2. **Pedro**
3. Paulo

3 **O que os chefes dos sacerdotes e o Sinédrio buscaram durante o julgamento de Jesus?** (26:59)
1. Depoimentos verdadeiros que acusassem Jesus
2. Evidências reais contra Jesus
3. **Um falso depoimento contra Jesus**

4 **O sumo sacerdote pediu para Jesus falar para as pessoas se ele era o Cristo. O que Jesus disse?** (26:63-64)
1. **"Tu mesmo o disse."**
2. "Eu não sou o Cristo."
3. "Pergunte as pessoas."

5 **O que as pessoas fizeram depois que o sumo-sacerdote disse que Jesus havia blasfemado?** (26:65, 67)
1. Eles apertaram a mão de Jesus.
2. **Eles cuspiram em Jesus e lhe deram murros.**
3. Eles colocaram guardas ao redor de Jesus para protegê-lo.

6 **O que levou as pessoas a pensarem que Pedro era um discípulo de Jesus?** (26:73)
1. Seu cabelo
2. **Seu modo de falar**
3. Suas vestes

7 **O que aconteceu depois que Pedro negou Jesus três vezes?** (26:69-74)
1. **Um galo cantou.**
2. Tiago e João lembraram a Pedro as palavras de Jesus.
3. Um soldado prendeu Pedro.

8 **O que os chefes dos sacerdotes e os líderes religiosos decidiram fazer com Jesus depois de seu julgamento?** (27:1)
1. Soltar Jesus
2. **Condenar Jesus à morte**
3. Colocar Jesus na prisão

9 Quem disse: "Pequei, pois eu traí sangue inocente"? (27:4)

1. Caifás
2. Pedro
3. **Judas**

10 O que Judas fez com o dinheiro que ele recebeu por ter traído Jesus? (27:5)

1. Ele jogou em um poço.
2. Ele deu aos pobres.
3. **Ele jogou dentro do templo.**

PERGUNTAS PARA COMPETIÇÃO AVANÇADA

Para preparar as crianças para a competição, leia Mateus 26:57—27:5 para elas.

1 O que os chefes dos sacerdotes e o Sinédrio procuravam durante o julgamento de Jesus? (26:59)

1. A verdade sobre Jesus
2. A prova de que Jesus era o verdadeiro Messias
3. **Um depoimento falso que pudesse condenar Jesus à morte**
4. Todas as alternativas acima

2 Depois do falso depoimento contra Jesus no julgamento, como Jesus reagiu? (26:60-63)

1. Ele se defendeu.
2. Ele parecia confuso.
3. **Ele permaneceu em silêncio.**
4. Ele tentou escapar.

3 O que Jesus disse quando Caifás lhe perguntou se ele era o Cristo, o Filho de Deus? (26:63-64)

1. **"Tu mesmo o disseste."**
2. "Não sou."
3. "Pergunte ao povo."
4. Todas as alternativas acima

4 O que Jesus disse que o Sinédrio veria no futuro? (26:64)

1. **"O Filho do homem assentado à direita do Poderoso e vindo sobre as nuvens do céu"**
2. "A glória de Deus"
3. "O Messias saindo do sepulcro"
4. "Um novo céu e uma nova terra"

5 O que o sumo sacerdote fez quando ele disse que Jesus havia blasfemado? (26:65)

1. Ele caiu de joelhos e orou para que Deus perdoasse Jesus.
2. Ele bateu em Jesus.
3. **Ele rasgou as próprias vestes.**
4. Ele saiu da sala.

6 O que a criada disse a Pedro quando ele estava sentado no pátio? (26:69)

1. **Você estava com Jesus, o galileu.**
2. Você é o homem que traiu Jesus.
3. Você também será preso.
4. Todas as alternativas acima

7 **Como Pedro respondeu à segunda pessoa que lhe disse que ele era um seguidor de Jesus?** (26:71-72)

   1. "Não conheço esse homem!"

   2. "Eu era seu amigo, mas não sou agora."

   3. "Estou orgulhoso em dizer que Jesus é meu amigo."

   4. Todas as alternativas acima

8 **O que Pedro fez quando ele lembrou que Jesus disse que Pedro o negaria três vezes?** (26:75)

   1. Ele saiu dali e chorou amargamente.

   2. Ele correu e pediu para Jesus lhe perdoar.

   3. Ele correu e se escondeu no templo.

   4. Todas as alternativas acima

9 **O que Judas fez quando os chefes dos sacerdotes e os líderes religiosos não pegaram seu dinheiro de volta?** (27:5)

   1. Ele enforcou-se.

   2. Ele tentou ajudar Jesus a fugir.

   3. Ele fugiu e se escondeu em Nazaré.

   4. Ele pediu perdão a Jesus.

10 **Complete o versículo: ""Então Jesus disse aos seus discípulos: 'Se alguém quiser acompanhar-me, negue-se a si mesmo, . . .'"** (Mateus 16:24)

   1. "'. . . tome o seu cajado e siga-me.'"

   2. "'. . . tome a sua cruz e siga-me.'"

   3. "'. . . tome seus mantos e siga-me.'"

   4. "'. . . tome seu leito e siga-me.'"

Versículo para Memorização

"'Perguntou Pilatos: "Que farei então com Jesus, chamado Cristo?'"
(Mateus 27:22a)

Verdade Bíblica

Jesus dá às pessoas o direito de escolher como elas responderão a ele.

Foco

Essa lição ajudará as crianças a aprenderem que elas escolherão como elas responderão a Jesus.

Dica de Ensino

Ao liderar o estudo bíblico, enfatize como pessoas diferentes responderam a Jesus de diferentes formas. Enfatize especialmente Pilatos e o papel que Pilatos teve na morte Jesus.

Mateus 27:11-31

COMENTÁRIO BÍBLICO

Essa lição nos dá a oportunidade de vermos como pessoas diferentes escolheram responder a Jesus. Pilatos, o governador romano, teve a oportunidade de escolher se ele apoiaria Jesus. Já que os judeus tinham que seguir a Lei romana, eles não tinham autoridade de dar uma sentença de morte. Eles precisavam da permissão de Pilatos para que isso acontecesse.

Pilatos achava que Jesus era inocente de acordo com a lei romana. Pilatos viu que os líderes judaicos estavam com inveja da popularidade de Jesus. Pilatos tinha que escolher se ele condenaria Jesus à morte ou se ele lidaria com a revolta dos judeus contra ele. Pilatos escolheu se livrar da responsabilidade e ele deixou Jesus morrer.

Além disso, a multidão tinha escolha sobre como ela lidaria com Jesus. Pilatos lhes deu a escolha entre dois prisioneiros, Jesus ou Barrabás. A multidão tinha pensado que Jesus seria um forte líder político. Quando Jesus não correspondeu a essa expectativa, a multidão pediu para libertarem Barrabás. Ela queria que os romanos crucificassem Jesus.

CARACTERÍSTICAS DE DEUS

· Jesus não revidou quando as pessoas o prejudicaram.
· Jesus quer que escolhamos segui-lo.

PALAVRAS DA NOSSA FÉ

Escolhas são decisões sobre o que fazer. Fazemos as **escolhas certas** quando obedecemos a Deus. Fazemos escolhas erradas quando desobedecemos a Deus.

PESSOAS

Barrabás era um homem que estava na prisão por assassinato e tumultos.

Pilatos era o governador romano sobre a Judeia e Samaria. Era responsabilidade dele manter a paz entre os judeus.

COISAS

Açoitar significa bater em uma pessoa com um chicote ou uma vara.

Crucificar significa pregar uma pessoa numa cruz como castigo.

O **Pretório** era a sede do governo romano.

ATIVIDADE

Você precisará dos seguintes itens para essa atividade:

• Giz, canetinhas de quadro-branco ou uma caneta

• Um quadro de giz, quadro branco ou um pedaço de papel grande

Antes da aula começar, escreva as seguintes frases e coloque-as onde as crianças possam ver.

Quem é Jesus?

Ele é o Filho de Deus.

O que Jesus fez por você?

Ele morreu pelos nossos pecados.

O que você deve "'fazer, então, com Jesus que é chamado Cristo?'"

Eu o receberei como meu Salvador.

Como você ajudará os outros a conhecerem Jesus?

Eu lhes direi sobre Jesus e sobre o que ele fez para salvar as pessoas de seus pecados.

Se outros se recusarem a seguir Jesus, o que você fará?

Eu continuarei a seguir Jesus.

Diga: **Eu escrevi algumas frases que eu quero ler com vocês. Eu lerei as perguntas e vocês lerão as respostas.**

Diga: **Jesus nos dá uma escolha para segui-lo ou não. Ele quer que o sigamos, mas ele não nos força a segui-lo. Se for apropriado, pergunte se há alguma criança que deseja pedir para Jesus ser seu Salvador e melhor Amigo. Encerre com oração e peça para Deus ajudar a cada aluno escolher seguir a Jesus.**

LIÇÃO BÍBLICA

Prepare a história a seguir, adaptada de Mateus 27:11-31, antes de contá-la para as crianças.

Jesus foi posto diante do governador, Pôncio Pilatos. O governador perguntou a Jesus, "Você é o rei dos judeus?"

Jesus respondeu: "Tu o dizes".

Os chefes dos sacerdotes e os líderes religiosos fizeram muitas acusações contra Jesus. Entretanto, Jesus não lhe respondeu. Pilatos ficou impressionado com a falta de resposta de Jesus.

Todo ano, durante a festa da Páscoa, Pilatos soltava um prisioneiro escolhido pela multidão. Naquela época, havia um prisioneiro com o nome de Barrabás. Pilatos perguntou a multidão: "Qual destes vocês querem que eu solte esse ano—Jesus ou Barrabás?"

Mais cedo naquele dia, Pilatos recebeu uma mensagem de sua esposa sobre Jesus. A mensagem dizia: "Não se envolva com este inocente. Sonhei com ele esta noite e sofri muito por causa dele". Entretanto, os chefes dos sacerdotes disseram que eles

queriam que Pilatos soltasse Barrabás ao invés de Jesus.

Novamente Pilatos perguntou: "Qual dos dois vocês querem que eu solte?" Novamente a multidão exigiu que Pilatos soltasse Barrabás. Pilatos perguntou: "Que farei então com Jesus?"

A multidão respondeu: "Crucifica-o!"

Pilatos disse: "Por quê? Que crime ele cometeu?"

Entretanto, a multidão gritava mais alto: "Crucifica-o!"

Pilatos notou a agitação da multidão. Pilatos sabia que poderia acontecer um tumulto. Por isso, Pilatos mandou trazer água e ele lavou as suas mãos. Ele disse: "Estou inocente do sangue deste homem; a responsabilidade é de vocês".

A multidão disse: "Que o sangue dele caia sobre nós e sobre os nossos filhos". Então, Pilatos soltou Barrabás. Pilatos mandou que os soldados açoitassem Jesus. Pilatos entregou Jesus para a multidão para que eles o crucificassem.

Os soldados levaram Jesus ao Pretório. Eles tiraram-lhe as vestes e colocaram nele um manto vermelho. Eles fizeram uma coroa com espinhos e colocaram essa coroa em sua cabeça. Eles também deram uma vara para Jesus. Então, eles ajoelhavam-se diante de Jesus e zombavam dele. Os soldados diziam: "Salve, rei dos judeus!" Eles cuspiram em Jesus, e bateram muitas vezes em sua cabeça. Depois dos soldados zombarem de Jesus, vestiram-lhes suas roupas. Depois os soldados levaram Jesus para o crucificar.

Motive as crianças a responderem as seguintes perguntas. Não há respostas certas ou erradas. Essas perguntas ajudarão as crianças a entenderem a história e aplicá-la em suas vidas.

1. Por que será que Jesus não respondeu às acusações contra ele?
2. Por que será que Pilatos não respondeu às preocupações de sua esposa? Você já deu algum conselho a um amigo que esse amigo não seguiu?
3. Pilatos lavou suas mãos e disse que ele era inocente da morte de Jesus. Você acha que Pilatos realmente era inocente? Quem será que teve a maior parcela de responsabilidade e culpa sobre a morte de Jesus?

Diga: **Fazemos escolhas todos os dias de nossas vidas. Algumas de nossas escolhas podem mudar as nossas vidas de grandes maneiras. A multidão e Pilatos escolheram crucificar Jesus. A escolha deles mudou o curso de nossa história.**

Hoje as pessoas enfrentam a mesma pergunta: "Como eu responderei a Jesus?" Sua resposta a essa pergunta mudará o curso da sua vida. Você já respondeu a essa pergunta? Que escolha você fez?

VERSÍCULO PARA MEMORIZAÇÃO

Pratique o versículo para memorização do estudo. Você encontrará sugestões de Atividades para Memorização dos Versículos nas páginas 140-141.

ATIVIDADES ADICIONAIS

Escolha qualquer uma dessas opções para incrementar o estudo bíblico das crianças.

Peça para as crianças imaginarem que elas são os personagens do estudo de hoje. Como elas responderiam durante o julgamento de Jesus? O que seria diferente nas respostas delas?

Com a turma toda, converse sobre quem tem a maior culpa da morte de Jesus. Faça um julgamento, e busque evidências à favor e contra cada personagem da história.

PERGUNTAS PARA COMPETIÇÃO BÁSICA

Para preparar as crianças para competição, leia Mateus 27:11-31 para elas.

1 **O que Jesus disse quando Pilatos perguntou: "Você é o rei dos judeus?"** (27:11)
1. "Não."
2. **"Tu o dizes."**
3. "Por que você quer saber?"

2 **Como Pilatos se sentiu quando Jesus não respondeu a nenhuma acusação?** (27:14)
1. Ele ficou satisfeito.
2. Ele ficou triste.
3. **Ele ficou impressionado.**

3 **Que costume o governador tinha na festa?** (27:15)
1. **Ele soltava um prisioneiro.**
2. Ele colocava alguém na prisão.
3. Ele crucificava alguém.

4 **Que escolha Pilatos deu às pessoas sobre Barrabás e Jesus?** (27:17)
1. Manter os dois na prisão
2. **Soltar Jesus ou Barrabás**
3. Crucificar os dois

5 **Quem disse para Pilatos não se envolver com Jesus?** (27:19)
1. **A esposa de Pilatos**
2. Um anjo do Senhor
3. Maria, a mãe de Jesus

6 **Quem, convenceu a multidão a pedir pela libertação de Barrabás?** (27:20)
1. Judas
2. **Os chefes dos sacerdotes e os líderes religiosos**
3. Os discípulos de Jesus

7 **O que a multidão disse para Pilatos fazer com Jesus?** (27:22)
1. "Liberte-o!"
2. "Apedreje-o!"
3. **"Crucifica-o!"**

8 **Quem disse: "Que o sangue dele caia sobre nós e sobre os nossos filhos!"?** (27:25)
1. Os chefes dos sacerdotes e os líderes religiosos
2. Pilatos e Herodes
3. **A multidão que condenou Jesus**

9 **Que cor era o manto que os soldados colocaram sobre Jesus?** (27:28)
1. Azul-marinho
2. **Vermelho**
3. Branco

10 **O que os soldados fizeram antes de levarem Jesus para ser crucificado?** (27:30-31)
1. **Eles cuspiram nele e bateram em sua cabeça.**
2. Eles pisaram nele.
3. Eles o arrastaram por Jerusalém.

PERGUNTAS PARA COMPETIÇÃO AVANÇADA

Para preparar as crianças para a competição, leia Mateus 27:11-31 para elas.

1 Como Jesus respondeu a pergunta de Pilatos: "Você é o rei dos judeus"? (27:11)

1. Jesus não disse anda.
2. **Jesus disse: "Tu o dizes."**
3. Jesus disse: "O Filho do homem veio para derramar seu sangue para o perdão de muitos."
4. Jesus fez referência a Isaías 53.

2 Por que Pilatos permitiu que a multidão selecionasse um prisioneiro para ser solto? (27:15)

1. **Era costume do governador na festa.**
2. Ele estava com medo do sumo sacerdote.
3. Ele não tinha autoridade para soltar Jesus.
4. Todas as alternativas acima.

3 Quem era Barrabás? (27:16)

1. Um político notório
2. O irmão de Jesus
3. Um discípulo
4. **Um prisioneiro notório**

4 O que as pessoas no julgamento fizeram, porque estavam com inveja? (27:18)

1. **Elas entregaram Jesus a Pilatos.**
2. Elas gritaram umas com as outras.
3. Elas entregaram Jesus para Herodes.
4. Elas ouviram Jesus.

5 O que a esposa de Pilatos lhe disse durante o julgamento de Jesus? (27:19)

1. "Eu gostaria que você crucificasse Jesus."
2. **"Hoje, em sonho, sofri muito por causa dele."**
3. "Avise-me o que você decidir fazer."
4. "Você deve libertar Barrabás."

6 Por que a multidão começou um tumulto? (27:24)

1. Jesus começou a ficar com raiva.
2. **Pilatos tentou defender Jesus.**
3. Barrabás começou a ficar violento.
4. Pilatos começou a enviar algumas pessoas para o templo.

7 O que a multidão disse sobre a responsabilidade pela morte de Jesus? (27:25)

1. **"Que o sangue dele caia sobre nós e sobre os nossos filhos!"**
2. "É sua responsabilidade."
3. "Seu sangue cairá sobre os fariseus e saduceus."
4. "Foi Judas que vendeu Jesus por 30 moedas de prata. Que o sangue de Jesus caia sobre Judas."

8 Depois de lavar as mãos, o que Pilatos fez? (27:26)

1. Ele soltou Barrabás.
2. Ele açoitou Jesus.
3. Ele entregou Jesus para ser crucificado.
4. **Todas as alternativas acima.**

9 Quais foram os três itens que os soldados fizeram Jesus usar antes da crucificação? (27:28-29)

1. Um manto, uma coroa de espinhos e um par de sandálias

2. Um manto, um espectro e um pouco de vinho

3. **Um manto, uma coroa de espinhos e uma vara**

4. Uma coroa de espinhos, um pouco de vinho e um espectro

10 Complete o versículo: "'Perguntou Pilatos: "Que farei então com..." (27:22a)

1. "...Judas, o traidor?"

2. **"...Jesus, chamado Cristo?"'**

3. "...Jesus, que é chamado de Filho do homem?"

4. "...Barrabás, o criminoso?"

Versículo para Memorização

"Porque Deus tanto amou o mundo que deu o seu Filho Unigênito, para que todo o que nele crer não pereça, mas tenha a vida eterna" (João 3:16).

Verdade Bíblica

Jesus voluntariamente sofreu e morreu por todos, até por seus inimigos, para que todos recebessem salvação por seus pecados.

Foco

Nessa lição as crianças aprenderão que Jesus morreu em uma cruz para perdão de nossos pecados.

Dica de Ensino

A passagem em Mateus sobre a crucificação de Jesus é menos gráfica do que a versão dos outros autores dos evangelhos. Entretanto, essa lição pode traumatizar as crianças. Se alguma criança pedir detalhes sobre a crucificação de Jesus, tenha cuidado com as outras que podem não conseguir lidar bem com os detalhes macabros de sua morte.

ESTUDO 19

Mateus 27:32-56

COMENTÁRIO BÍBLICO

Enquanto estava na cruz, Jesus enfrentou a rejeição dos judeus e dos getios (não-judeus). Os judeus o rejeitaram, porque ele dizia ser um rei.

Depois da morte de Jesus, muitos eventos sobrenaturais aconteceram. O véu do santuário foi rasgado de cima à baixo. Esse evento significava que os crentes agora poderiam se comunicar diretamente com Deus. Aconteceu um terremoto, alguns sepulcros se abriram e os corpos de muitos santos foram ressuscitados.

Esses eventos aterrorizaram um centurião romano e os que com ele vigiavam Jesus. Eles reconheceram que Jesus era o Filho de Deus. Entretanto, não foi um judeu que reconheceu a divindade de Jesus. Pelo contrário, foi um guarda romano, um gentio.

Esses eventos miraculosos significavam a verdadeira identidade de Jesus. Eles eram o cumprimento de sua missão de expiação. Essa expiação estava disponível através da morte de Jesus na cruz. A vitória de Jesus na cruz foi seu triunfo sobre o pecado da humanidade.

Na cruz, Jesus sentiu o peso do pecado do mundo sobre os seus ombros. Apesar da agonia que Jesus enfrentou, ele escolheu morrer para que todos pudessem receber perdão pelos pecados.

CARACTERÍSTICAS DE DEUS

• Deus nos ama tanto que enviou o seu filho para nos mostrar como podemos ter vida abundante.

- Jesus entregou sua vida voluntariamente para nos demonstrar o amor do Pai.

PALAVRAS DE NOSSA FÉ

Salvação é tudo o que Deus faz para tirar o pecado e criar um relacionamento correto entre ele e uma pessoa. Deus enviou o seu Filho, Jesus, que morreu na Cruz e tornou-se o nosso Salvador. Todos que pedirem para Jesus ser seu Salvador, recebem salvação como um presente de graça.

PESSOA

Maria Madalena era da cidade de Magdala, no Mar da Galileia.

Simão de Cirene foi o homem que carregou a cruz para Jesus.

LUGARES

Cirene era uma cidade no norte da África.

Gólgota foi o lugar que Jesus morreu na cruz. A **cidade santa** é outro nome para Jerusalém.

OUTROS TERMOS

Fel é um extrato de uma planta. Jesus se recusou a beber uma mistura de fel e vinho quando ele estava na cruz. Essa mistura aliviaria a sua dor.

O **véu do santurário** era um cortina azul, púrpura e vermelha que separava o santo dos santos do ambiente externo do templo.

ATIVIDADE

Você precisará dos seguintes itens para essa atividade:
- Placas de madeira, quadro ou papel para cada criança
- Materiais necessários para escrever, desenhar e pintar

Diga: **Hoje aprenderemos sobre a morte de Jesus na cruz. Os soldados colocaram por escrito uma acusação sobre a cabeça de Jesus. Eles escreveram: "Este é Jesus, o Rei dos Judeus".**

Que palavras alguém poderia usar para descrever você?

Incentive as crianças a fazerem uma plaquinha com poucas palavras para lhe descreverem. Se possível, deixe-os fazerem uma moldura para essa placa e levarem para casa.

LIÇÃO BÍBLICA

Prepare a história a seguir, adaptada de Mateus 27:32-56 antes de contá-la para as crianças.

Os soldados foram para Gólgota, encontraram Simão, de Cirene, e o forçaram a carregar a cruz de Jesus.

Eles chegaram ao Gólgota. Gólgota significa lugar de Caveira. Ali, os soldados ofereceram a Jesus uma mistura de fel e vinho para beber. Depois que Jesus provou, ele se recusou a beber isso.

Quando os soldados crucificaram Jesus, eles dividiram as roupas deles e tiraram sortes. Os soldados se sentaram para vigiá-lo. Sobre a cabeça de Jesus os soldados colocaram por escrito a acusação feita contra ele: "ESTE É JESUS, O REI DOS JUDEUS".

Dois ladrões foram crucificados com Jesus. Um ladrão estava à sua direita e outro à sua esquerda. As pessoas que passavam, insultavam Jesus. Elas diziam: "Salve-se! Desça da cruz, se é Filho de Deus!"

Os chefes dos sacerdotes, mestres da lei e líderes religiosos zombavam de Jesus. Eles diziam: "Salvou os outros, mas não é capaz de salvar a si mesmo! Desça agora da cruz

e creremos nele. Que Deus o salve agora, se dele tem compaixão, pois disse: 'Sou Filho de Deus'".

Os ladrões que estavam ao seu lado também o insultaram.

Do meio-dia às três horas da tarde houve trevas sobre toda a terra. Por volta das três horas da tarde, Jesus bradou em alta voz: "Eloí, Eloí, lama sabactâni?"—que quer dizer: "Meu Deus! Meu Deus! Por que me abandonaste?"

Algumas pessoas acharam que Jesus estava chamando Elias. Uma pessoa encheu uma esponja com vinagre, colocou em uma vara e deu para Jesus beber.

Mas os outros disseram: "Deixem-no. Vejamos se Elias vem salvá-lo".

Então, Jesus bradou em alta voz e morreu.

Naquele momento, o véu do santuário rasgou-se em duas partes, de alto a baixo. A terra tremeu, as rochas se partiram. Os sepulcros se abriram e os corpos de muitas pessoas santas que tinham morrido foram ressuscitados. Essas pessoas entraram na cidade santa e apareceram a muitos.

O centurião e os que com ele vigiavam Jesus ficaram com medo. Eles falaram: "Verdadeiramente este era o Filho de Deus!"

Muitas mulheres seguiam Jesus desde a Galileia para cuidar de suas necessidades. Entre elas estavam Maria Madalena; Maria, mãe de Tiago e José; e a mãe dos filhos de Zebedeu. Elas observaram todos esses eventos de longe.

Motive as crianças a responderem as seguintes perguntas. Não há respostas certas ou erradas. Essas perguntas ajudarão as crianças a entenderem a história e aplicá-la em suas vidas.

1. Imagine que você fosse Simão, de Cirene. Como será que ele se sentiu ao carregar a pesada cruz de Jesus? Onde estavam os discípulos de Jesus? Você acha que eles deveriam ter carregado a cruz para Jesus?

2. Imagine que você fosse uma pessoa na multidão no momento da crucificação de Jesus. Como você responderia a ele? Você também zombaria dele?

3. Leia Mateus 27:46. Que tipo de dor fez com que Jesus falasse essas palavras?

4. Como será que o centurião e os guardas se sentiram depois da morte de Jesus? Como será que os chefes dos sacerdotes se sentiram? Você acha que finalmente eles creram que Jesus era o Filho de Deus?

5. Que tipo de coisas você acha que as mulheres que cuidavam de Jesus faziam por ele? O que será que Jesus sentia por essas mulheres?

Diga: Jesus sabia que Deus permitiria que ele sofresse e morresse para que as pessoas pudessem receber a salvação. Voluntariamente, Jesus entregou a sua vida por todas as pessoas. Através da morte de Jesus podemos receber perdão dos pecados e vida eterna.

Você já pediu perdão pelos seus pecados e já aceitou Jesus como seu Salvador? Se você fez isso, você pode se alegrar com Jesus. Se você não fez isso, você pode fazê-lo agora. Jesus quer te receber como membro da família de Deus.

VERSÍCULO PARA MEMORIZAÇÃO

Pratique o versículo para memorização do estudo. Você encontrará sugestões de Atividades para Memorização dos Versículos nas páginas 140-141.

ATIVIDADES ADICIONAIS

Escolha qualquer uma dessas opções para incrementar o estudo bíblico das crianças.

1. Incentive as crianças a pensarem sobre alguma coisa que elas sacrificariam por alguém. Um exemplo é sacrificar um tempo para ajudar um irmão ou irmã com uma tarefa ou trabalho na casa. Ou, poderia sacrificar tempo ou dinheiro para ajudar uma pessoa em necessidade. Pergunte: **O que você possui que você pode sacrificar? Como o seu sacrifício poderia ajudar outra pessoa? O sacrifício de Jesus era muito maior do que qualquer coisa que nós podemos fazer. Entretanto, o nosso sacrifício pode nos ajudar a sentir o que ele sentiu quando entregou a sua vida para salvar as pessoas dos seus pecados.**

2. Muitos tipos diferentes de pessoas testemunharam a morte de Jesus. Leia a história em voz alta para as crianças. Com toda a turma, escreva como as seguintes pessoas reagiram: a multidão, os chefes dos sacerdotes, o centurião e os soldados, e as mulheres. Pergunte: A qual grupo você se uniria? Como você responderia a Jesus?

PERGUNTAS PARA COMPETIÇÃO BÁSICA

Para preparar as crianças para competição, leia Mateus 27:32-56 para elas.

1 **Quem carregou a cruz para Jesus?** (27:32)
   1. Judas, de Samaria
   2. Jesus, de Nazaré
   3. **Simão, de Cirene**

2 **Para onde eles levaram Jesus para ser crucificado?** (27:33)
   1. Galileia
   2. **Gólgota**
   3. Mar Morto

3 **O que os soldados fizeram com as roupas de Jesus?** (27:35)
   1. **Eles dividiram suas roupas e tiraram sortes.**
   2. Eles as venderam.
   3. Eles as deram aos pobres.

4 **Quando Jesus estava na cruz, o que a acusação escrita sobre a sua cabeça dizia?** (27:37)
   1. "Esse é Jesus, o traidor."
   2. **"Este é Jesus, o Rei dos Judeus."**
   3. "Esse é o homem que eles chamam de Jesus."

5 **Quais pessoas estavam na cruz ao lado de Jesus?** (27:38)
   1. Barrabás e Judas
   2. **Dois ladrões**
   3. Pedro e João

6 **O que os dois ladrões ao lado de Jesus fizeram?** (27:44)
   1. **Eles insultaram Jesus.**
   2. Eles imploraram para Jesus lhes perdoar.
   3. As duas respostas estão corretas.

7 O que as pessoas tentaram dar para Jesus quando elas pensaram que ele estava chamando Elias? (27:47-48)

1. Água
2. **Vinagre**
3. As duas respostas estão corretas.

8 Quando Jesus morreu, o que aconteceu no santurário? (27:50-51)

1. Um fogo destruiu o santuário.
2. **O véu do santuário foi rasgado de alto a baixo.**
3. O santuário desmoronou.

9 O que os santos que saíram dos sepulcros fizeram? (27:52-53)

1. **Eles apareceram a muitos na cidade santa.**
2. Eles curaram os doentes.
3. Eles pregaram o evangelho.

10 Quando o centurião e os que estavam com ele vigiando Jesus disseram que Jesus era o Filho de Deus? (27:54)

1. Quando Jesus não revidou
2. **Quando eles viram tudo o que havia acontecido**
3. As duas respostas estão corretas.

PERGUNTAS PARA COMPETIÇÃO AVANÇADA

Para preparar as crianças para a competição, leia Mateus 27:32-56 para elas.

1 O que Simão de Cirene fez? (27:32)

1. **Ele carregou a cruz para Jesus.**
2. Ele açoitou Jesus.
3. Ele pregou as mãos de Jesus na cruz.
4. Ele zombou de Jesus.

2 O que Gólgota significa? (27:33)

1. Lugar de Morte
2. **Lugar da Caveira**
3. Campo de Sangue
4. Campo do Oleiro

3 O que as pessoas faziam ao passar perto de Jesus na cruz? (27:39-40)

1. **Elas insultavam Jesus.**
2. Elas oravam por Jesus.
3. Elas lhe pediam misericórdia.
4. Todas as alternativas acima.

4 O que as pessoas disseram para Jesus fazer, se ele fosse o Filho de Deus? (27:40)

1. Abrir o Mar Vermelho
2. **Descer da cruz**
3. Matar os soldados romanos
4. Matar os chefes dos sacerdotes

5 O que Jesus bradou? (27:46)

1. "Me desculpem."
2. "Venha, Elias, e salve-me."
3. **"Meu Deus! Meu Deus! Por que me abandonaste?"**
4. "O dia do julgamento está sobre vocês."

6 Por que algumas pessoas diziam: "Deixem-no", quando Jesus bradou na cruz? (27:49)

1. Elas queriam ver se Deus mandaria anjos para resgatar Jesus.
2. Elas queriam que Jesus sofresse.
3. Elas pensaram que um espírito maligno havia possuído Jesus.
4. **Elas queriam ver se Elias viria para salvá-lo.**

7 O que aconteceu antes de Jesus entregar seu espírito e morrer? (27:50)

1. **Jesus bradou em alta voz.**
2. Jesus comeu pão e tomou um suco.
3. Jesus fez a oração do Pai Nosso.
4. Jesus causou um terremoto.

8 Quem ficou aterrorizado e disse: "Verdadeiramente este era o Filho de Deus"? (27:54)

1. Os chefes dos sacerdotes
2. Os fariseus
3. **O centurião e os que com ele vigiavam Jesus**
4. Os discípulos

9 Quem eram três das mulheres que seguiam Jesus desde a Gaileia para o servir? (27:55-56)

1. Maria, Marta, Tabita
2. **Maria Madalena; Maria, a mãe de Tiago e José; e a mãe de Tiago e João**
3. Marta, Maria, Dorcas
4. Três mulheres chamadas Maria

10 Complete o versículo: "Porque Deus tanto amou o mundo que deu o seu Filho Unigênito, para que . . ." (João 3:16)

1. ". . . o conheça, conheça a Deus".
2. **". . . todo o que nele crer não pereça, mas tenha a vida eterna"".**
3. ". . . compartilhe de seu amor, receba amor".
4. ". . . o pedir perdão, receba".

"'Portanto, vão e façam discípulos de todas as nações, batizando-os em nome do Pai e do Filho e do Espírito Santo, ensinando-os a obedecer a tudo o que eu lhes ordenei. E eu estarei sempre com vocês, até o fim dos tempos'" (Mateus 28:19-20).

Verdade Bíblica

Jesus ressuscitou dentre os mortos e deu aos seus seguidores uma Grande Comissão.

Foco

Nessa lição, as crianças aprenderão que Jesus mandou seus seguidores fazerem discípulos de todos os povos.

Dica de Ensino

Ao liderar o estudo bíblico, enfatize no milagre da Ressurreição. Porque Jesus está vivo, nós temos esperança de uma vida transformada.

ESTUDO 20

Mateus 27:57–28:20

CONTEXTO BÍBLICO

José de Arimateia era membro do Sinédrio, o conselho que condenou Jesus. De acordo com Marcos e Lucas, José era um discípulo secreto de Cristo.

Era normal alguém sepultar o seu mestre. Quando José pediu para Pilatos o corpo de Jesus, isso não foi incomum. Sob a lei romana, quando criminosos morriam, eles não recebiam um sepultamento apropriado. Quando José gastou seu tempo e dinheiro para dar a Jesus um sepultamento apropriado, ele honrou Jesus.

Essa situação ofereceu evidência da ressurreição de Jesus de três maneiras. Primeiro, o fato do corpo de Jesus ter estado num sepulcro novo com uma pedra que cobria a entrada, significava que Jesus estava morto. Depois, a pedra não permitiria que qualquer ser humano deixasse o sepulcro. Finalmente, uma pessoa não poderia substituir o corpo de Jesus por outro corpo.

Os chefes dos sacerdotes e os fariseus lembraram da profecia de Jesus que ele ressuscitaria depois de três dias. Eles se organizaram para evitar que os discípulos declarassem que a ressurreição havia acontecido. Entretanto, o terremoto, o anjo, os guardas com medo e a pedra fora do lugar eram evidências adicionais da ressurreição de Jesus.

Essa evidência provava que Jesus era quem ele dizia ser e que sua missão foi bem sucedida. A expiação de Jesus se completou na Ressurreição. Os crentes poderiam agora experimentar uma nova vida, graças a morte e a ressurreição de Jesus.

CARACTERÍSTICAS DE DEUS

• Jesus ressuscitou dos mortos e provou o seu poder sobre a morte.
• Jesus quer que façamos discípulos de todas as nações.

PALAVRAS DE NOSSA FÉ

A Grande Comissão é o comando de Jesus para irmos, falarmos, batizarmos e compartilharmos as Boas Novas do evangelho com as pessoas ao redor do mundo

PESSOAS

José era um rico judeu que era membro do Sinédrio. Ele acreditava em Jesus secretamente. Ele usou os seus recursos para oferecer a Jesus um sepultamento adequado.

LUGARES

Arimateia era uma cidade a quase 32 quilômetros a noroeste de Jerusalém.

COISAS

Dia da Preparação era o dia antes de Sábado e o dia antes do feriado judaico.
O **Sábado** era o dia que Deus separou para descanso, adoração e ajuda aos outros.
Discipular significa ensinar alguém sobre Cristo e ensiná-los como seguí-lo.

ATIVIDADE

Você precisará dos seguintes itens para essa atividade:
• Várias pedras lisas, uma para cada criança
• Canetinhas ou tinta

Antes da aula, limpe todas as pedras. Inspecione as pedras para garantir que elas sejam grandes o suficiente para as crianças desenharem ou pintarem nelas.

Diga: **Quando Jesus ressuscitou dentre os mortos, a pedra estava longe da entrada do sepulcro. Hoje vamos decorar as pedras para nos lembrarmos da ressurreição de Jesus. Usando canetinhas (ou tinta), escreva na sua pedra: "Ele ressuscitou!" Depois, você pode decorar mais a pedra com as canetinhas (ou tinta).**

Quando as crianças terminarem a decoração das pedras, deixe cada uma mostrar o que fez para a classe. Diga: **Hoje fizemos uma coisa para nos lembrar da ressurreição de Jesus. Agora vamos ouvir tudo sobre a Ressurreição e sobre a tarefa que Jesus deu a todos os seus seguidores.**

LIÇÃO BÍBLICA

Prepare a história a seguir, adaptada de Mateus 27:57–28:20, antes de contá-la para as crianças.

Depois da morte de Jesus, José de Arimateia pediu a Pilatos o corpo de Jesus. Pilatos concordou e José envolveu o corpo de Jesus em um lençol limpo. José colocou o corpo de Jesus num sepulcro novo e depois ele colocou uma grande pedra na entrada.

Os chefes dos fariseus foram até Pilatos. Eles disseram: "Senhor, Jesus disse que ele ressuscitaria em três dias. Ordene que guardas vigiem o sepulcro por três dias. Se não, seus discípulos virão, roubarão seu corpo e falarão que ele ressuscitou dentre os mortos."

Pilatos respondeu: "Podem ir, e mantenham o sepulcro em segurança como acharem melhor". Então, eles lacraram a pedra e colocaram alguns guardas no sepulcro.

Depois do Sábado, Maria Madalena e a outra Maria foram ao sepulcro. Veio um

grande terremoto e um anjo do Senhor desceu dos céus. O anjo rolou a pedra da entrada e assentou-se sobre ela. Os guardas tremeram de medo quando viram o anjo e ficaram como mortos.

O anjo disse para as mulheres: "Não tenham medo! Sei que vocês estão procurando Jesus, que foi crucificado. Ele não está aqui; ressuscitou, como tinha dito. Venham ver que o lugar onde ele estava está vazio. Vão depressa e digam aos discípulos dele: Ele ressuscitou dentre os mortos e está indo adiante de vocês para a Galileia. Lá vocês o verão".

As mulheres saíram depressa do sepulcro, e foram correndo anunciar aos discípulos. Entretanto, no caminho, Jesus apareceu para elas. Ele as saudou e elas tocaram suas mãos e pés. Jesus disse: "Não tenham medo. Digam aos meus discípulos me encontrarem na Galileia. Eles me verão lá".

Os soldados foram para cidade e contaram aos chefes dos sacerdotes tudo o que havia acontecido. Os chefes dos sacerdotes e os líderes religiosos fizeram um plano. Eles pagaram os soldados grande soma de dinheiro. Depois disseram: "Falem para as pessoas que os seus discípulos vieram de noite e roubaram o corpo. Então, o governador não lhes punirá". Os soldados pegaram o dinheiro e seguiram o plano. Muito judeus acreditam nessa história até hoje.

Os onze discípulos encontraram Jesus na Galileia. Jesus lhes disse: "Vão e façam discípulos de todas as nações, batizando-os em nome do Pai, do Filho e do Espírito Santo, ensinando-os a obedecer a tudo o que eu lhes ordenei. E eu estarei sempre com vocês, até o fim dos tempos".

Motive as crianças a responderem as seguintes perguntas. Não há respostas certas ou erradas. Essas perguntas ajudarão as crianças a entenderem a história e aplicá-la em suas vidas.

1. Os fariseus e os líderes religiosos acreditavam que Jesus realmente ressuscitaria dentre os mortos? Por que eles disseram para os guardas mentirem?

2. Por que José gastou seu próprio dinheiro e sepulcro para sepultar Jesus? Alguém já sacrificou alguma coisa de valor por você?

3. A passagem de Mateus 28:16-20 geralmente é chamada de A Grande Comissão. Cite algumas maneiras pelas quais nós podemos viver o mandamento de Jesus para fazermos discípulos em todas as nações?

Diga: **Quais foram as melhores notícias que você já recebeu? As notícias que os discípulos receberam no terceiro dia depois da morte de Jesus foram as melhores notícias. Os discípulos pensaram que Jesus havia morrido, e agora eles ouviam que ele estava vivo. A ressurreição de Jesus separa o cristianismo de todas as outras religiões. Essas são as boas novas que ainda são contadas hoje.**

O comando dado por Jesus foi para ir e fazer discípulos no mundo todo: batizando-os e ensinando-os. Esse comando é para nós também. O objetivo é alcançar o mundo todo com a mensagem de Jesus Cristo. Jesus prometeu que ele sempre estaria conosco!

VERSÍCULO PARA MEMORIZAÇÃO

Pratique o versículo para memorização do estudo. Você encontrará sugestões de Atividades para Memorização dos Versículos nas páginas 140-141.

ATIVIDADES ADICIONAIS

Escolha qualquer uma dessas opções para incrementar o estudo bíblico das crianças.

1. Por todo o livro de Mateus, Jesus realizou muitos milagres. Com a turma toda, liste alguns dos milagres. Use canetinhas ou giz de cera para desenhar ilustrações dos milagres favoritos da classe.

2. Pesquise o significado da palavra "discípulo". Como Jesus educou os seus discípulos? Com a turma toda, converse sobre algumas maneiras que podemos ter o mesmo relacionamento com as pessoas nas nossas vidas.

PERGUNTAS PARA COMPETIÇÃO BÁSICA

Para preparar as crianças para competição, leia Mateus 27:57-28:20 para elas.

1 O que José fez com o corpo de Jesus? (27:59-60)
1. Ele envolveu-o num lençol limpo de linho.
2. Ele colocou-o num sepulcro novo.
3. **As duas respostas estão corretas.**

2 O que José fez na entrada do sepulcro? (27:60)
1. **Ele rolou uma grande pedra na entrada do sepulcro.**
2. Ele deixou algumas flores no sepulcro.
3. Ele escreveu o nome de Jesus no lado de fora do sepulcro.

3 Como os chefes dos sacerdotes e os fariseus garantiram que o sepulcro estava seguro? (27:66)
1. Eles lacraram a pedra.
2. Eles armaram um esquema de segurança.
3. **As duas respostas estão corretas.**

4 Quem foi ver o sepulcro no primeiro dia da semana? (28:1)
1. **Maria Madalena e a outra Maria**
2. Pedro e João
3. Pilatos

5 O que aconteceu no sepulcro? (28:2)
1. Os discípulos pegaram o corpo de Jesus.
2. **Um anjo veio dos céus e rolou a pedra da entrada.**
3. Choveu muito forte.

6 O que aconteceu com os guardas do sepulcro de Jesus quando eles viram o anjo? (28:4)
1. Eles se ajoelharam diante do anjo.
2. **Eles tremeram de medo e ficaram como mortos.**
3. Eles ficaram com raiva.

7 Quem encontrou com as mulheres quando elas saíram depressa do sepulcro? (28:8-9)
1. **Jesus**
2. Mais anjos
3. Pedro, Tiago e João

8 Quem contou aos chefes dos sacerdotes tudo o que aconteceu no sepulcro? (28:11)

1. **Os guardas**
2. Os discípulos
3. Os anjos

9 O que os chefes dos sacerdotes e os líderes religiosos fizeram quando os guardas lhes disseram que Jesus não estava no sepulcro? (28:12-15)

1. Eles encontraram Jesus na cidade.
2. Eles planejaram matar os discípulos.
3. **Eles pagaram os guardas para dizerem que os discípulos haviam roubado o corpo de Jesus.**

10 O que os onze discípulos fizeram quando eles foram para a Galileia e eles viram Jesus? (28:16-17)

1. Eles correram de medo.
2. **Eles o adoraram, mas alguns duvidaram.**
3. As duas respostas estão corretas.

PERGUNTAS PARA COMPETIÇÃO AVANÇADA

Para preparar as crianças para a competição, leia Mateus 27:57-28:20 para elas.

1 O que José de Arimateia fez? (27:57-58)

1. **Ele pediu a Pilatos o corpo de Jesus.**
2. Ele pagou aos chefes dos sacerdotes, porque eles possuiam o corpo de Jesus.
3. Ele procurou os 12 discípulos.
4. Ele deu uma grande soma de dinheiro aos pobres.

2 Depois do sepultamento de Jesus, o que os fariseus e os chefes dos sacerdotes temeram que os discípulos fizessem? (27:64)

1. Ressuscitassem Jesus dentre os mortos
2. **Roubassem o corpo de Jesus**
3. Matassem o sumo sacerdote
4. Fugissem e se escondessem

3 Por quanto tempo os guardas fariam a segurança do sepulcro? (27:64)

1. Por um dia
2. Até o segundo dia
3. **Até o terceiro dia**
4. Por um ano

4 Como os oficiais de Pilatos garantiram a segurança do sepulcro?? (27:66)

1. Eles cobriram a abertura com terra.
2. Eles colocaram uma fechadura na porta.
3. **Eles lacraram a pedra e colocaram um sistema de segurança com guarda.**
4. Eles rodearam o sepulcro com os chefes de sacerdotes e líderes religiosos.

5 **Quem rolou a pedra da entrada do sepulcro de Jesus? (28:2)**

1. As duas mulheres
2. Pilatos
3. Nicodemos
4. **Um anjo do Senhor**

6 **O que o anjo disse às mulheres sobre Jesus? (28:5-7)**

1. "Ele partiu para estar com o Pai".
2. "Ele está no templo".
3. "Ele está com os discípulos".
4. **"Ele ressuscitou, como tinha dito."**

7 **O que o anjo disse para as mulheres dizerem aos discípulos de Jesus? (28:7)**

1. **"Ele ressuscitou dentre os mortos e está indo adiante de vocês na Galileia".**
2. "Está consumado. Ele não ressuscitou".
3. "Vão e façam discípulos nas nações".
4. "Não contem a ninguém sobre Jesus."

8 **O que os chefes dos sacerdotes deram para os guardas dizerem que os discípulos haviam roubado o corpo de Jesus? (28:12-13)**

1. **Uma grande soma de dinheiro**
2. Uma promoção militar
3. Um festa
4. Uma advertência

9 **O que Jesus disse que ele tinha recebido? (28:18)**

1. Grande poder
2. **Toda autoridade nos céus e na terra**
3. As riquezas dos céus
4. Vida eterna

10 **Na Grande Comissão, o que Jesus mandou seus discípulos fazerem? (28:19-20)**

1. Fazerem discípulos de todas as nações
2. Batizar
3. Ensinar
4. **Todas as alternativas acima**

VERSÍCULOS PARA MEMORIZAÇÃO

Os versículos a seguir são os versículos para memorização de cada lição. Você pode fazer cópias dessa página e distribuí-la para as crianças para ajudar no ensino.

ESTUDO 1

"'Ela dará à luz um filho, e você deverá dar-lhe o nome de Jesus, porque ele salvará o seu povo dos seus pecados.'" (Mateus 1:21)

ESTUDO 2

"Jesus respondeu: 'Está escrito: "Nem só de pão viverá o homem, mas de toda palavra que procede da boca de Deus"'". (Mateus 4:4)

ESTUDO 3

"'Bem-aventurados os pobres em espírito, pois deles é o Reino dos céus. Bem-aventurados os que choram, pois serão consolados.

Bem-aventurados os humildes, pois eles receberão a terra por herança. Bem-aventurados os que têm fome e sede de justiça, pois serão satisfeitos.'" (Mateus 5:3-6)

ESTUDO 4

"'Bem-aventurados os misericordiosos, pois obterão misericórdia.

Bem-aventurados os puros de coração, pois verão a Deus. Bem-aventurados os pacificadores, pois serão chamados filhos de Deus. Bem-aventurados os perseguidos por causa da justiça, pois deles é o Reino dos céus.'" (Mateus 5:7-10)

ESTUDO 5

"'Bem-aventurados serão vocês quando, por minha causa os insultarem, perseguirem e levantarem todo tipo de calúnia contra vocês. Alegrem-se e regozijem-se, porque grande é a recompensa de vocês nos céus, pois da mesma forma perseguiram os profetas que viveram antes de vocês.'" (Mateus 5:11-12)

ESTUDO 6

"Teus caminhos, ó Deus, são santos. Que deus é tão grande como o nosso Deus? Tu és o Deus que realiza milagres; mostras o teu poder entre os povos." (Salmo 77:13-14)

ESTUDO 7

"Então, disse aos seus discípulos: 'A colheita é grande, mas os trabalhadores são poucos. Peçam, pois, ao Senhor da colheita, que envie trabalhadores para a sua colheita.'" (Mateus 9:37-38)

ESTUDO 8

"'Venham a mim, todos os que estão cansados e sobrecarregados, e eu lhes darei descanso. Tomem sobre vocês o meu jugo e aprendam de mim.'" (Mateus 11:28-29a)

ESTUDO 9

"'Busquem, pois, em primeiro lugar o Reino de Deus e a sua justiça, e todas essas coisas lhes serão acrescentadas.'" (Mateus 6:33)

ESTUDO 10

"Entregue suas preocupações ao Senhor, e ele o susterá; jamais permitirá que o justo venha a cair." (Salmo 55:22)

ESTUDO 11

"Simão Pedro respondeu: 'Tu és o Cristo, o Filho do Deus vivo'" (Mateus 16:16)

ESTUDO 12

"Então disse Jesus: 'Deixem vir a mim as crianças e não as impeçam; pois o Reino dos céus pertence aos que são semelhantes a elas.'" (Mateus 19:14)

ESTUDO 13

"Respondeu Jesus: 'Ame o Senhor, o seu Deus de todo o seu coração, de toda a sua alma e de todo o seu entendimento.' Este é o primeiro e maior mandamento. E o segundo é semelhante a ele: 'Ame o seu próximo como a si mesmo.'" (Mateus 22:37-39)

ESTUDO 14

"'Devido ao aumento da maldade, o amor de muitos esfriará, mas aquele que perseverar até o fim será salvo'" (Mateus 24:12-13)

ESTUDO 15

"Nele temos a redenção por meio de seu sangue, o perdão dos pecados, de acordo com as riquezas da graça de Deus" (Efésios 1:7)

ESTUDO 16

"E, indo um pouco mais adiante, prostrou-se com o rosto em terra e orou: 'Meu Pai, se for possível, afasta de mim este cálice; contudo, não seja como eu quero, mas sim como tu queres.'" (Mateus 26:39)

ESTUDO 17

"Então Jesus disse aos seus discípulos: 'Se alguém quiser acompanhar-me, negue-se a si mesmo, tome a sua cruz e siga-me.'" (Mateus 16:24)

ESTUDO 18

"'Perguntou Pilatos: "Que farei então com Jesus, chamado Cristo?'" (Mateus 27:22a)

ESTUDO 19

"Porque Deus tanto amou o mundo que deu o seu Filho Unigênito, para que todo o que nele crer não pereça, mas tenha a vida eterna" (João 3:16)

ESTUDO 20

"'Portanto, vão e façam discípulos de todas as nações, batizando-os em nome do Pai e do Filho e do Espírito Santo, ensinando-os a obedecer a tudo o que eu lhes ordenei. E eu estarei sempre com vocês, até o fim dos tempos'" (Mateus 28:19-20)

Atividades para Memorização dos Versículos

PASSANDO A BÍBLIA

Você precisará de uma Bíblia e de música para essa atividade. Peça para as crianças sentarem em círculo. Dê a Bíblia para uma criança. Quando a música começar, fale para as crianças passarem a Bíblia para os outros no círculo. Quando a música parar, a criança que estiver segurando a Bíblia diz o versículo bíblico. Cuidadosamente, pare a música de forma que cada criança tenha a oportunidade de dizer o versículo.

ESTOURANDO BALÕES

Você precisará de balões (bexigas), uma caneta permanente e uma fita. Encha os balões e escreva uma palavra do versículo bíblico em cada balão. Coloque-os na parede na ordem certa. Deixe as crianças lerem o versículo juntas. Escolha uma criança para estourar o balão. Peça para as crianças recitarem novamente o versículo, lembrando da palavra que estiver faltando. Selecione outra criança para estourar o balão. Deixe as crianças dizerem o versículo novamente. Continue até todos os balões terem sido estourados e as crianças poderem recitar o versículo de memória.

DIVERSÃO COM O VERSÍCULO BÍBLICO

Escreva cada palavra ou frase do versículo bíblico em um cartão ou pedaço de papel. Faça dois, para que cada equipe tenha um. Divida a classe em duas equipes. Coloque um grupo de cartões com palavras no chão, na frente de cada equipe. Embaralhe a ordem dos cartões. Depois de um sinal, deixe a primeira criança de cada equipe encontrar a primeira palavra do versículo e correr até uma linha de chegada. A criança coloca o cartão no chão e corre de volta para o segundo jogador. Aquela criança pega a segunda palavra e corre para a linha de chegada. Continue assim até que uma equipe tenha colocado todo o versículo na ordem correta, sem erros. Permita que a segunda equipe termine o versículo. Depois, faça com que as duas equipes recitem o versículo juntas.

ORGANIZANDO O VERSÍCULO BÍBLICO

Escreva cada palavra ou frase do versículo bíblico em um pedaço de papel. Dê a cada criança um papel com parte do versículo. Instrua-as a irem para diferentes partes da sala e levantarem os papéis. Escolha outra criança para organizar os colegas na ordem correta do versículo. Depois, peça para a classe ler o versículo junta.

JOGO DA MEMÓRIA DE CARINHAS FELIZES

Escreva cada palavra ou frase do versículo bíblico em um pratinho de papel ou em um pedaço redondo de papel. Distribua os pratos para as crianças e peça para que elas desenhem uma carinha feliz no lado em branco do pratinho (círculo). Coloque os pratos na parede para que as crianças possam ver as palavras do versículo. Leiam o versículo juntos. Selecione uma criança para virar um dos pratos para que a carinha feliz apareça. Depois, peça para as crianças lerem o versículo. Selecione outra criança para virar outro prato. Diga o versículo novamente. Continue até que todos os pratinhos mostrem carinhas felizes e as crianças possam recitar o versículo memorizado.

REVISÃO DA TEIA DE ARANHA

Você precisará de um rolo de lã ou barbante. Instrua as crianças a ficarem de pé, em círculo. Jogue o rolo de lã para uma criança e peça para ela dizer a primeira palavra do versículo. A criança enrolará a lã em seu dedo indicador e jogará o rolo para outra criança do outro lado do círculo. Essa criança falará a segunda palavra do versículo e enrolará a lã no seu dedo indicador. Continue brincando e dizendo as palavras do versículo até que todas as crianças tenham participado. Jogar o rolo de um lado para o outro vai deixar o meio do círculo parecendo uma teia de aranha.

VERSOS PARA LEVANTAR

Instrua as crianças a sentarem em um círculo. Instrua a primeira criança a se levantar e dizer a primeira palavra do versículo e, depois, ela senta. A segunda criança levanta e fala a segunda palavra e senta. Continue até as crianças completarem o versículo. Motive as crianças a brincarem novamente, mas para irem mais rápido que a vez anterior. Deixe as crianças tentarem ver quão rápido elas conseguem dizer o versículo.

DESEMBARALHAMENTO DO VERSÍCULO BÍBLICO

Escreva cada palavra ou frase do versículo bíblico em um pedaço de papel ou cartão. Distribua os cartões de palavras para as crianças fora de ordem. Deixe as crianças se organizarem para ficarem na ordem correta de acordo com a porção do versículo que receberam. Peça para as crianças dizerem o versículo juntas. Depois, peça para uma criança virar o cartão, para que as outras não vejam o que está escrito nele. Peça para as crianças falarem o versículo novamente. Continue dessa maneira até que todos os cartões fiquem virados e nenhuma palavra esteja visível.

LISTA DE PRESENÇA

Escreva os nomes das crianças nas linhas abaixo. Coloque um X na coluna de cada lição que a criança tiver comparecido. Você pode fazer cópias dessa folha de presença se você precisar de mais linhas.

NOME DA CRIANÇA	1	2	3	4	5	6	7	8	9	10	11	12	13	14	15	16	17	18	19	20

Tabela de Pontos da Competição de Crianças

Instruções:

Competição Básica só usa as perguntas 1-15.
Competição avançada usa 20 perguntas. Leia as
Regras e Procedimentos Oficiais para instruções
completas.

Igreja/Nome da Equipe: _____

Nomes:

Rodada 1	1	2	3	4	5	6	7	8	9	10	11	12	13	14	15	16	17	18	19	20	Total

Bônus da Equipe:

Total da Equipe

Nomes:

Rodada 2	1	2	3	4	5	6	7	8	9	10	11	12	13	14	15	16	17	18	19	20	Total

Bônus da Equipe:

Total da Equipe

Nomes:

Rodada 3	1	2	3	4	5	6	7	8	9	10	11	12	13	14	15	16	17	18	19	20	Total

Bônus da Equipe:

Total da Equipe

O Desafio *D-Code*

DESAFIO BÍBLICO—DESTRANCADO, ILIMITADO E ENTENDIDO

Em 2008-2009, o *Projeto de Oferta Crianças Alcançando Crianças,* que chamamos de Desafio D-Code, aceitou o desafio de levantar fundos para tradução, produção e distribuição dos materiais de Desafio Bíblico para Crianças. Crianças, distritos e igrejas de todo o mundo se uniram no esforço de levantar quase $310.000 dólares americanos para o Desafio D-Code. A maior parte, 70% ($216.000), foi designada para a ênfase de tradução do Desafio Bíblico para Crianças. O livro que você está segurando, originalmente produzido em inglês pela Casa Nazarena de Publicações (NPH), foi traduzido para inglês global, francês, coreano, português e espanhol como fruto do investimento de indivíduos do Ministério de Crianças Internacional, Publicações Nazarenas Globais e uma equipe maravilhosa de tradutores.

Crianças Alcançando Crianças

O *Projeto de Oferta Crianças Alcançando Crianças* é uma ênfase missionária anual entre as crianças que levanta fundos para várias missões holísticas de alcance a crianças ao redor do mundo. Crianças Alcançando Crianças motiva crianças, igrejas, distritos e regiões mundiais a levantarem fundos para suprirem necessidades espirituais, educacionais, físicas e sociais de crianças em todas as regiões do mundo. Para mais informações sobre o *Crianças Alcançando Crianças,* visite *www.kidsreachingkids.com.*

www.ingramcontent.com/pod-product-compliance
Lightning Source LLC
Chambersburg PA
CBHW081540040426
42448CB00015B/3166